会计信息化综合实训
——基于用友 U8

李新瑞 马晨佳 编著

北京理工大学出版社
BEIJING INSTITUTE OF TECHNOLOGY PRESS

内 容 简 介

本书以培养学生在信息化条件下的会计专业能力和职业精神为教学目标，基于行动学习法的教育理念，按照"两性一度"的"金课"标准构建会计信息化综合实训案例，力求最大限度地还原企业会计信息化工作的真实环境，尽力缩小教学环境与职业环境的差距。实训中要求学生对原始单据所呈现的经济业务进行内容识别和流程分解，进而完成相关岗位的业务处理。本书以课程目标为导向设计考核工具，将过程性考核与结果性考核相结合，强化了教材育人功能。

本书基于不同的学时安排和内容要求提供了三种实训方案，可作为会计学、财务管理、审计学、资产评估等专业的会计信息化实训课程教材，也可作为会计人员自学或业务培训的实训用书。

版权专有　侵权必究

图书在版编目（CIP）数据

会计信息化综合实训：基于用友 U8 / 李新瑞, 马晨佳编著. --北京：北京理工大学出版社, 2022.5

ISBN 978-7-5763-1325-3

Ⅰ. ①会… Ⅱ. ①李… ②马… Ⅲ. ①会计信息-财务管理系统 Ⅳ. ①F232

中国版本图书馆 CIP 数据核字（2022）第 080775 号

出版发行 / 北京理工大学出版社有限责任公司	
社　　址 / 北京市海淀区中关村南大街 5 号	
邮　　编 / 100081	
电　　话 /（010）68914775（总编室）	
（010）82562903（教材售后服务热线）	
（010）68944723（其他图书服务热线）	
网　　址 / http://www.bitpress.com.cn	
经　　销 / 全国各地新华书店	
印　　刷 / 北京国马印刷厂	
开　　本 / 787 毫米×1092 毫米　1/16	
印　　张 / 14.5	责任编辑 / 王晓莉
字　　数 / 341 千字	文案编辑 / 王晓莉
版　　次 / 2022 年 5 月第 1 版　2022 年 5 月第 1 次印刷	责任校对 / 刘亚男
定　　价 / 45.00 元	责任印制 / 李志强

图书出现印装质量问题，请拨打售后服务热线，本社负责调换

前言

2019年教育部接连发布了《关于深化本科教育教学改革全面提高人才培养质量的意见》和《关于一流本科教育课程建设的实施意见》等文件，聚焦"学生忙起来、教师强起来、管理严起来、效果实起来"这一主题。在此背景下，我们历时两年编写了这本《会计信息化综合实训——基于用友U8》教材。

本书以培养学生在信息化条件下的会计专业能力和职业精神为教学目标，基于行动学习法的教育理念，按照"两性一度"的"金课"标准，以贴近企业环境的最新发展且符合会计系统内控要求和工作逻辑的写实单据还原了一个制造型企业在信息化条件下的业务管理与会计核算工作的真实情景，尽力缩小教学环境与职业环境的差距。

实训中要求学生综合运用财务会计和会计信息系统的相关知识，理解会计信息化的工作环境，对原始单据中承载的经济业务进行识别，并完成相关岗位的业务处理。

全书分为5章内容：第一章为实训任务书，第二章为企业基础资料，第三章为系统初始化方案，第四章为业务单据，第五章为实训过程记录。本书最后附有《实训成绩评定表》。

本书在以下4个方面呈现出创新性特色。

1. 教学目标：不同于以"熟练操作会计软件"为目标的传统会计信息化实训教材，本书是以培养学生在信息化条件下会计专业能力与职业精神为教学目标，按照国家级一流本科课程（虚拟仿真实验教学）建设标准编写的新型实训教材。从案例设计到实训要求，都提升了实训的高阶性、创新性和挑战度，加强了研究性学习和综合性评价，力求达到"学生忙起来、教师强起来、管理严起来、效果实起来"的预期效果。

2. 教学内容：本书针对现有实训教材在实训案例设计上降低难度、消除单据不合理等问题，综合考虑现实中业财一体化系统的内控要求和工作逻辑，设计符合最新市场环境和财税政策的写实单据，呈现一个制造型企业在一个完整会计期间覆盖业财一体化系统9个模块的96笔业务，为学生构建出综合、完整、真实的会计信息化工作场景，体现了教学内容的高阶性。

3. 教学方法：不同于传统教材直接给出操作步骤的"手把手"教学方式，本书第五章采用结构化的实训过程记录工具引导学生把复杂的业务流程分解为基本操作步骤，结合设错教学法来提升实训的高阶性和挑战度，让学生用专业的方式定义问题、分析问题和解决问题，加强了对实训过程的控制，避免了学生"形式化的忙碌"，强化了培养学生严谨的工作作风和规范的业务能力的实训效果。

4. 考核方式：为突出专业能力培养与职业精神塑造并举的教学目标，本着"管理严起来、效果实起来"的要求，本书提供了一套过程性与结果性相结合的多要素考核工具（实训过程记录和实训成绩评定表），这是本书的一项创新设计。这套考核工具的运用，能够有效防止个别学生对标采分点进行"弯道超车"，使实训成绩考评更加客观和多元化，实现显性与隐性教育的有机结合，充分发挥教材育人的功能。

结合本书的出版，我们开发了"会计信息化综合实训虚拟仿真平台"，该平台对接用友 U8 系统，利用 3D 虚拟技术实现业务环境仿真，让学生体验到企业真实业务场景下的会计信息化工作，把"机房实训"变成"企业实习"，实现会计信息化工作场景的高度仿真和实训教学过程主要环节（指导和考核）的自动化，从而提高会计信息化实训教学的效率和效果。

本书适用于应用型本科会计学、财务管理、审计学、会计信息化、资产评估等专业的会计信息化实训课程。课程可以单独开设，安排在会计信息化原理（或会计信息系统）课程之后，也可作为会计信息化原理（或会计信息系统）课程的课内实训。为满足不同专业层次和学时安排的教学需要，本书在第一章"实训任务书"中设计了多种实训方案，教材使用者可根据专业培养方案中的学时安排（30、60、90 学时）选择相应的实训方案，分散在一个学期内或集中安排 1~3 周均可。

本书是由唐山学院会计学院李新瑞、马晨佳编著，在融合编著者多年教科研成果、日常教学及指导参赛经验的基础上编写完成的。两位编著者长期从事会计信息化教学和研究，主持和参与多项会计信息化相关的省级教研课题，获得过河北省优秀教学成果二等奖和唐山市社科优秀成果二等奖，主讲的"会计信息化原理"2021 年获批河北省一流本科课程（线下）；撰写学术论文 30 余篇，提出会计信息化实训中的"设错教学法"在国内得到广泛应用；擅长指导学生参加学科技能竞赛，自 2012 年起至今，指导学生参加信息化相关学科竞赛获奖 33 项，其中国家级一等奖 4 项、二等奖 3 项、三等奖 1 项；省级一等奖 15 项、二等奖 6 项、三等奖 4 项。

李新瑞负责拟定全书大纲，并负责全书的总纂、修改和定稿，马晨佳负责全书业务数据的合理性验证及修改。具体编写分工如下：李新瑞负责第一章、第二章、第四章、第五章的编写，以及"实训成绩评定表"的设计；马晨佳负责第三章的编写。

本书的编写得到了唐山学院石顺泊、张艳洁两位同事的大力支持和热心帮助，在此表示衷心感谢。编写中还参考了一些资料，主要参考资料见本书的参考文献，在此对有关作者也一并表示感谢。

限于自身能力，本书会有很多不足，我们恳请业界同人和读者不吝指正。为服务读者，我们专门建立了 QQ 群（722328512），教材使用中的问题可在群内讨论，教师若需要本书实训账套、实训考核方法以及账套溯源工具软件也可在群内提出。

李新瑞

2022 年 3 月于河北唐山

第一章 实训任务书 (001)
一、部门级会计电算化实训任务书（30学时） (001)
（一）实训目的与要求 (001)
（二）实训内容 (001)
（三）实训安排 (002)
（四）实训过程 (002)
（五）成果上交 (003)
二、企业级业财一体化实训任务书（60学时） (003)
（一）实训目的与要求 (003)
（二）实训内容 (003)
（三）实训安排 (004)
（四）实训过程 (004)
（五）成果上交 (004)
三、部门级会计电算化与企业级业财一体化实训任务书（90学时） (005)
（一）实训目的与要求 (005)
（二）实训内容 (005)
（三）实训安排 (006)
（四）实训过程 (006)
（五）成果上交 (007)

第二章 企业基础资料 (008)
一、企业概况 (008)
（一）营业执照 (008)
（二）组织机构设置 (008)
（三）企业银行账户资料 (009)
（四）企业税务资料 (009)

（五）生产工艺流程 …………………………………………………………（009）
二、会计核算制度（手工阶段）……………………………………………………（010）
　　（一）核算基础 …………………………………………………………………（010）
　　（二）会计岗位分工 ……………………………………………………………（010）
　　（三）税费 ………………………………………………………………………（010）
　　（四）薪酬 ………………………………………………………………………（010）
　　（五）往来核算 …………………………………………………………………（011）
　　（六）存货核算 …………………………………………………………………（012）
　　（七）固定资产核算 ……………………………………………………………（013）
　　（八）产品成本核算 ……………………………………………………………（013）
　　（九）利润分配顺序 ……………………………………………………………（015）
三、期初会计资料（手工会计）……………………………………………………（015）
　　（一）会计科目期初数据 ………………………………………………………（015）
　　（二）往来业务期初余额明细 …………………………………………………（024）
　　（三）未完成的购销业务 ………………………………………………………（025）
　　（四）存货类科目期初结存 ……………………………………………………（029）
　　（五）员工薪酬资料 ……………………………………………………………（030）
　　（六）固定资产科目初始资料 …………………………………………………（033）
　　（七）11月份管理费用资料 ……………………………………………………（038）
四、12月份产量记录 ………………………………………………………………（039）
五、会计信息化后辅助核算要求 …………………………………………………（039）
本章附图目录 ………………………………………………………………………（041）
本章附表目录 ………………………………………………………………………（041）

第三章　系统初始化方案 …………………………………………………………（043）
一、新建账套 ………………………………………………………………………（044）
　　（一）建账信息 …………………………………………………………………（044）
　　（二）用户及权限 ………………………………………………………………（045）
二、静态信息设置 …………………………………………………………………（045）
　　（一）基础设置 …………………………………………………………………（045）
　　（二）各系统的选项设置 ………………………………………………………（060）
　　（三）各系统的初始设置 ………………………………………………………（061）
三、初始动态数据 …………………………………………………………………（071）
　　（一）销售管理期初数据 ………………………………………………………（072）
　　（二）采购管理期初数据 ………………………………………………………（072）
　　（三）库存管理期初结存 ………………………………………………………（073）
　　（四）存货核算期初数据 ………………………………………………………（074）
　　（五）应收款管理期初余额 ……………………………………………………（074）

（六）应付系统初始设置 …………………………………………（074）
　　（七）总账期初余额 ………………………………………………（075）
　　（八）固定资产原始卡片 …………………………………………（076）
　　（九）薪资管理基础数据 …………………………………………（076）
　本章附表目录 …………………………………………………………（079）
第四章　业务单据 ……………………………………………………（081）
第五章　实训过程记录 ………………………………………………（173）
附录　实训成绩评定表 ………………………………………………（222）
参考文献 ………………………………………………………………（223）

第一章 实训任务书

为了适应不同专业培养方案的具体安排，本章从不同角度设计了不同的方案，从实训层次上分为部门级应用的会计电算化系统和企业级应用的业财一体化会计信息系统，从业务难度上分为一般业务和特殊业务，从实训环节上分为系统初始化方案设计、建账与初始化、日常业务处理，甚至可以先后安排手工会计实训与信息化实训进行对照。任课教师可根据实际情况进行选择。

课程可以单独开设，安排在会计信息化原理（或会计信息系统）课程之后，也可作为会计信息化原理（或会计信息系统）课程的课内实训。根据专业培养方案中的学时安排（30、60、90学时）选择实训方案，分散在一个学期内或集中安排1~3周均可。

以下分别按照不同学时安排设计三套实训任务书。

一、部门级会计电算化实训任务书（30学时）

（一）实训目的与要求

本实训是以培养学生在信息化条件下的会计专业能力和职业精神为目标的综合应用型训练。

本实训基于行动学习法的教育理念，以写实单据呈现经济业务，构建了一个制造型企业在一个完整会计期间的**会计电算化实训案例**。案例内容力求贴近企业环境的最新发展且符合会计系统的内控要求和工作逻辑，还原**部门级会计电算化**工作的真实情景。

实训中要求学生综合运用财务会计和会计信息系统的相关知识技能，理解信息化条件下的会计工作环境，完成**部门级会计电算化系统**中的初始化方案设计、建账、初始设置、日常业务处理、期末处理及账表输出等工作内容。要求学生体验**会计电算化环境**中企业会计工作的全部内容，对制造业企业的会计核算和业务处理流程形成比较系统和全面的认知。

（二）实训内容

会计电算化和会计信息化是企业信息化发展中的两个不同阶段。对于一家企业的信息化工作来说，在会计工作方面有大致两个层次的选择，是建设部门级应用的核算型会计电算化系统（一般简称为会计电算化系统），还是建设企业级业财一体化会计信息系统（一般简称为会计信息系统）。本实训针对的是一个部门级会计电算化系统，实训内容包括以下几个方面。

(1) 建账，启用相关模块，构建部门级会计电算化系统。
(2) 撰写设计系统初始化方案。
(3) 依据系统初始化方案，逐项完成系统初始化设置的全部内容。
(4) 根据所给的业务资料，在系统中完成全部业务的核算工作。
(5) 编制和生成资产负债表、利润表。
(6) 期末结账前输出并保存12月份的账表资料，具体如下。
①打印发生额及余额表（1~4级，金额式）（xps格式）；
②打印序时账（xps格式）；
③打印"生产成本核算"项目明细账（xps格式）；
④打印部门折旧计提汇总表（xps格式）；
⑤打印部门工资汇总表（xps格式）；
⑥打印原材料数量金额明细账（xps格式）；
⑦打印与材料出入库相关的全部凭证（列表截图）（pdf格式）；
⑧打印12月30—31日的全部记账凭证（xps格式）；
⑨编制生成12月31日资产负债表（截图）（pdf格式）；
⑩编制生成12月份利润表（截图）（pdf格式）。

> **说明：** 上述账表打印时首选XPS虚拟打印方式输出".xps"格式的文件，即打印输出时的打印机名称选择"Microsoft XPS Document Writer"。在无法使用XPS虚拟打印的情况下（如用友U8的UFO报表系统），将屏幕截图在Word中排版，再另存为.pdf格式。纸张都为"A4"，页边距为"普通"，纸张方向根据内容选择，纸张方向等排版元素本着职业审美原则自行决定，单面或双面打印皆可。

（三）实训安排

本实训为期30学时（或集中安排1周），两人一组共同完成实训。

（四）实训过程

【提醒】 重视数据备份（最好每半天一次），避免意外损坏。

(1) 在用友U8（V10.1以上版本）中建账，启用**总账**、**固定资产**、**薪资管理**、**应收款管理**、**应付款管理**这五个子系统，构成一个典型的**部门级应用**的会计电算化系统。

(2) 参考本书所给的业财一体化系统初始化方案、企业基础资料和会计电算化要求，结合所用软件，撰写该企业的会计电算化系统初始化方案。

(3) 根据系统初始化方案，完成建账及系统初始化工作。一定要先研究企业基础资料和所用会计软件，依据系统初始化方案进行初始化工作，不能直接按照基础资料进行建账和初始化。

(4) 完成业务处理，填写"实训过程记录"。要有系统性思维，对每笔业务所给的原始单据，要结合初始资料以及前后业务联系，综合运用职业判断能力分析单据所承载的业务内容，在系统中完成相关的核算工作，把处理步骤以及遇到的问题都在"实训过程记录"中记录下来。

(五) 成果上交

1. 纸质文件（按顺序左侧胶装）

(1) 实训报告封面（浅蓝色封面纸）、目录。
(2) 实训过程记录（从书中裁下来，手填）。
(3) 要求输出的各项账表资料。
(4) 个人实训总结。
(5) 实训成绩评定表（从书中裁下来，手填）。

2. 电子文件（参照"提交模板"组织文件，分组压缩，按班刻盘）

(1) 部门级会计电算化系统初始化方案.docx。
(2) 账套数据备份。提交初始化完账套备份和期末结账前账套备份，组内两个账套必须同源。

【特别提醒】严禁组与组之间复制账套（导致账套同源），对于账套跨组同源的相关组，组员成绩一律按不及格处理。

(3) 纸质文件（"实训过程记录"除外）的电子版。

二、企业级业财一体化实训任务书（60学时）

(一) 实训目的与要求

本实训是以培养学生在信息化条件下的会计专业能力和职业精神为目标的综合应用型训练。

本实训基于行动学习法的教育理念，以写实单据呈现经济业务，构建了一个制造型企业在一个完整会计期间的业财一体化实训案例。案例内容力求贴近企业环境的最新发展且符合会计系统的内控要求和工作逻辑，还原企业级业财一体化工作的真实情景。

实训中要求学生综合运用财务会计和会计信息系统的相关知识技能，理解信息化条件下的会计工作环境，完成企业级业财一体化系统中的建账、初始设置、日常业务处理、期末处理及账表输出等工作内容。要求学生体验业财一体化环境中企业会计工作的全部内容，对制造业企业的会计核算和业务处理流程形成比较系统和全面的认知。

(二) 实训内容

会计电算化和会计信息化是企业信息化发展中的两个不同阶段。对于一个具体企业的信息化工作来说，在会计工作方面就有大致两个层次的选择，是建设部门级应用的核算型会计电算化系统，还是建设企业级业财一体化会计信息系统。本实训面对的是一个企业级业财一体化会计信息系统，实训内容包括以下几个方面。

(1) 建账，启用相关模块，构建企业级会计信息化系统。
(2) 依据系统初始化方案，逐项完成系统初始化设置的全部内容。
(3) 根据所给的业务资料，在系统中完成全部业务的业财一体化处理。
(4) 编制和生成资产负债表、利润表。
(5) 期末结账前输出并保存12月份下列账表资料：
①打印发生额及余额表（1~4级，金额式）（xps格式）；
②打印序时账（xps格式）；

③打印"生产成本核算"项目明细账（xps 格式）；
④打印部门折旧计提汇总表（xps 格式）；
⑤打印部门工资汇总表（xps 格式）；
⑥打印原材料数量金额明细账（xps 格式）；
⑦打印与材料出入库相关的全部凭证（列表截图）（pdf 格式）；
⑧打印 12 月 30—31 日的全部记账凭证（xps 格式）；
⑨编制生成 12 月 31 日资产负债表（截图）（pdf 格式）；
⑩编制生成 12 月份利润表（截图）（pdf 格式）。

> **说明：** 上述账表打印时首选 XPS 虚拟打印方式输出".xps"格式的文件，即打印输出时的打印机名称选择"Microsoft XPS Document Writer"。在无法使用 XPS 虚拟打印的情况下（如用友 U8 的 UFO 报表系统），将屏幕截图在 Word 中排版，再另存为 .pdf 格式。纸张都为"A4"，页边距为"普通"，纸张方向根据内容选择，纸张方向等排版元素本着职业审美原则自行决定，单面或双面打印皆可。

（三）实训安排

本实训为期 60 学时（或集中安排 2 周），两人一组共同完成实训。

（四）实训过程

【提醒】 重视数据备份（最好每半天一次），避免意外损坏。

（1）在用友 U8（V10.1 以上版本）中建账，启用**总账、固定资产、薪资管理、应收款管理、应付款管理、销售管理、采购管理、库存管理、存货核算**这九个子系统，构成一个典型的**企业级应用**的会计信息化系统。

（2）根据系统初始化方案，完成建账及系统初始化工作。一定要先研究企业基础资料和所用会计软件，依据系统初始化方案进行初始化工作，不能直接按照基础资料进行建账和初始化。

（3）完成业务处理，填写"实训过程记录"。要有系统性思维，对每笔业务所给的原始单据，要结合初始资料以及前后业务联系，综合运用职业判断能力分析单据所承载的业务内容，在系统中完成相关的业务处理和财务处理，把处理步骤以及遇到的问题都在"实训过程记录"中记录下来。

（五）成果上交

1. 纸质文件（按顺序左侧胶装）

（1）实训报告封面（浅蓝色封面纸）、目录。
（2）实训过程记录（从书中裁下来，手填）。
（3）要求输出的各项账表资料。
（4）个人实训总结。
（5）实训成绩评定表（从书中裁下来，手填）。

2. 电子文件（参照"提交模板"组织文件，分组压缩，按班刻盘）

（1）账套数据备份。提交初始化完账套备份和期末结账前账套备份，组内两个账套必须同源。

【特别提醒】严禁组与组之间复制账套（导致账套同源），对于账套跨组同源的相关组，组员成绩一律按不及格处理。

（2）纸质文件（"实训过程记录"除外）的电子版。

三、部门级会计电算化与企业级业财一体化实训任务书（90学时）

（一）实训目的与要求

本实训是以培养学生在信息化条件下的会计专业能力和职业精神为目标的综合应用型训练。

本实训基于行动学习法的教育理念，以写实单据呈现经济业务，构建了一个制造型企业在一个完整会计期间的**会计信息化综合实训案例**。案例内容力求贴近企业环境的最新发展且符合会计系统的内控要求和工作逻辑，还原**部门级会计电算化**工作以及**企业级业财一体化**工作的真实情景。

实训中要求学生综合运用财务会计和会计信息系统的相关知识技能，理解信息化条件下的会计工作环境，分别完成**部门级会计电算化系统**和**企业级业财一体化系统**中的初始化方案设计、建账、初始设置、日常业务处理、期末处理及账表输出等工作内容。要求学生体验**不同信息化条件**下企业会计工作的全部内容，对制造业企业的会计核算和业务处理流程形成比较系统和全面的认知。

（二）实训内容

会计电算化和会计信息化是企业信息化发展中的两个不同阶段。对于一个具体企业的信息化工作来说，在会计工作方面就有大致两个层次的选择，是建设部门级应用的核算型会计电算化系统，还是建设企业级业财一体化会计信息系统。本实训面对的是根据同一套企业资料设计的两种系统，学生应在完成部门级会计电算化实训之后再去完成企业级业财一体化会计信息系统实训，前后两个阶段的实训结果应该相互结合。

第一阶段，部门级会计电算化实训（30学时）的实训内容包括以下几项。

（1）建账，启用相关模块，构建部门级会计电算化系统；
（2）撰写设计系统初始化方案；
（3）依据系统初始化方案，逐项完成系统初始化设置的全部内容；
（4）根据所给的业务资料，在系统中完成全部业务的核算工作；
（5）编制和生成资产负债表、利润表；
（6）期末结账前输出并保存12月份下列账表资料：
①打印发生额及余额表（1~4级，金额式）（xps格式）；
②打印序时账（xps格式）；
③打印"生产成本核算"项目明细账（xps格式）；
④打印部门折旧计提汇总表（xps格式）；
⑤打印部门工资汇总表（xps格式）；
⑥打印原材料数量金额明细账（xps格式）；
⑦打印与材料出入库相关的全部凭证（列表截图）（pdf格式）；
⑧打印12月30—31日的全部记账凭证（xps格式）；

⑨编制生成12月31日资产负债表（截图）（pdf格式）；
⑩编制生成12月份利润表（截图）（pdf格式）。

第二阶段，企业级业财一体化实训（60学时）的实训内容包括以下几项。

（1）建账，启用相关模块，构建企业级会计信息化系统；

（2）依据系统初始化方案，逐项完成系统初始化设置的全部内容；

（3）根据所给的业务资料，在系统中完成全部业务的业财一体化处理；

（4）编制和生成资产负债表、利润表；

（5）期末结账前输出保存12月份下列账表资料：

①打印发生额及余额表（1~4级，金额式）（xps格式）；

②打印序时账（xps格式）；

③打印"生产成本核算"项目明细账（xps格式）；

④打印部门折旧计提汇总表（xps格式）；

⑤打印部门工资汇总表（xps格式）；

⑥打印原材料数量金额明细账（xps格式）；

⑦打印与材料出入库相关的全部凭证（列表截图）（pdf格式）；

⑧打印12月30—31日的全部记账凭证（xps格式）；

⑨编制生成12月31日资产负债表（截图）（pdf格式）；

⑩编制生成12月份利润表（截图）（pdf格式）。

> **说明**：以上实训账表打印时首选XPS虚拟打印方式输出".xps"格式的文件，即打印输出时的打印机名称选择"Microsoft XPS Document Writer"。在无法使用XPS虚拟打印的情况下（如用友U8的UFO报表系统），将屏幕截图在Word中排版，再另存为.pdf格式。纸张都为"A4"，页边距为"普通"，纸张方向根据内容选择，纸张方向等排版元素本着职业审美原则自行决定，单面或双面打印皆可。

（三）实训安排

本实训集中安排，为期90学时（3周），两人一组共同完成实训。

（四）实训过程

> **【提醒】** 重视数据备份（最好每半天一次），避免意外损坏。

第一阶段，部门级会计电算化实训（30学时）的实训过程如下。

（1）在用友U8（V10.1以上版本）中建账，启用总账、固定资产、薪资管理、应收款管理、应付款管理这五个子系统，构成一个典型的部门级应用的会计电算化系统。

（2）参考本书所给的业财一体化系统初始化方案、企业基础资料和会计电算化要求，结合所用软件，撰写该企业的会计电算化系统初始化方案。

（3）根据系统初始化方案，完成建账及系统初始化工作。一定要先研究企业基础资料和所用会计软件，依据系统初始化方案进行初始化工作，不能直接按照基础资料进行建账和初始化。

（4）完成业务处理。要有系统性思维，对每笔业务所给的原始单据，要结合初始资料以及前后业务联系，综合运用职业判断能力分析单据所承载的业务内容，在系统中完成相关的核算工作。

第二阶段，企业级业财一体化实训（60学时）的实训过程如下。

（1）在用友 U8（V10.1 以上版本）中建账，启用总账、固定资产、薪资管理、应收款管理、应付款管理、销售管理、采购管理、库存管理、存货核算这九个子系统，构成一个典型的企业级应用的会计信息化系统。

（2）根据系统初始化方案，完成建账及系统初始化工作。一定要先研究企业基础资料和所用会计软件，依据系统初始化方案进行初始化工作，不能直接按照基础资料进行建账和初始化。

（3）完成业务处理，填写"实训过程记录"。要有系统性思维，对每笔业务所给的原始单据，要结合初始资料以及前后业务联系，综合运用职业判断能力分析单据所承载的业务内容，在系统中完成相关的业务处理和财务处理，把处理步骤以及遇到的问题都在"实训过程记录"中记录下来。

（五）成果上交

1. 纸质文件（按顺序左侧胶装）

（1）实训报告封面（浅蓝色封面纸）、目录。

（2）企业级业财一体化实训过程记录（从书中裁下来，手填）。

（3）要求输出的各项账表资料。

（4）个人实训总结。

（5）实训成绩评定表（从书中裁下来，手填）。

2. 电子文件（参照"提交模板"组织文件，分组压缩，按班刻盘）

（1）部门级会计电算化系统初始化方案.docx。

（2）两套实训的账套数据备份。分别提交两套实训的初始化完和期末结账前的账套备份，组内两个账套必须同源。

【特别提醒】严禁组与组之间复制账套（导致账套同源），对于账套跨组同源的相关组，组员成绩一律按不及格处理。

（3）纸质文件（"实训过程记录"除外）的电子版。

第二章 企业基础资料

一、企业概况

(一) 营业执照

企业营业执照如图 2-1 所示。

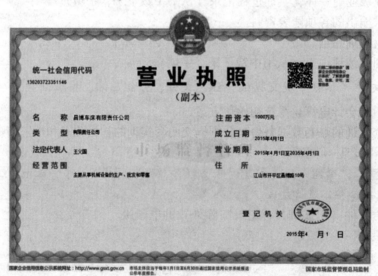

图 2-1 企业营业执照

(二) 组织机构设置

企业组织机构设置如表 2-1 所示。

表 2-1 企业组织机构设置

部门编码	部门名称	部门属性	部门编码	部门名称	部门属性
1	管理部	管理部门	3	生产部	生产管理
101	行政科	综合管理	301	铸造车间	生产管理
102	财务科	财务管理	302	机加工车间	生产管理

续表

部门编码	部门名称	部门属性	部门编码	部门名称	部门属性
103	技术科	技术管理	303	装配车间	生产管理
104	设备科	设备管理	304	机修车间	生产管理
105	后勤科	后勤管理	305	配电车间	生产管理
2	供销部	供销管理	4	物流部	物流管理
201	销售科	市场管理	401	仓储科	库房管理
202	供应科	采购管理			

（三）企业银行账户资料

1. 基本存款账户

中国工商银行开平支行，账号为0403123409000056708。

2. 一般存款账户

中国银行开平支行（人民币户），账号为601312345678。

中国银行开平支行（美元户），账号为601356781234。

（四）企业税务资料

昌博车床有限责任公司，江山市开平区税务局，企业为增值税一般纳税人，纳税人识别号与企业统一社会信用代码同为130203723351146。通过企业基本账户办理网上电子申报税款划转业务。

企业地址：江山市开平区昌博路10号。

企业电话：2810366。

（五）生产工艺流程

生产系统设有三个基本生产车间，即铸造车间、机加工车间和装配车间；设有两个辅助生产车间，即机修车间和配电车间。

企业最终产品是P618车床和X240车床。三个基本生产车间按顺序加工，产品主体由上一个车间提供，电机、轴承等外协件直接从材料库领用。企业生产工艺流程如图2-2所示。

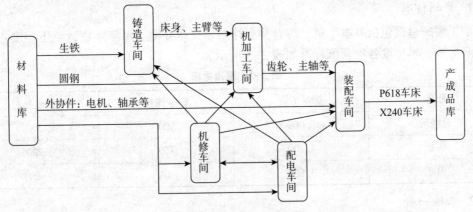

图2-2 生产工艺流程

二、会计核算制度（手工阶段）

（一）核算基础

（1）企业以人民币作为记账本位币。

（2）依据最新会计准则会计科目表总表设置会计科目，并在此基础上设置明细分类账和现金及银行存款日记账。

（3）记账凭证分为收款凭证、付款凭证和转账凭证。涉及现金和银行存款的记账凭证需出纳签字。

（4）会计核算程序采用科目汇总表核算程序。

（二）会计岗位分工

会计岗位设置及人员分工如表2-2所示。

表2-2 会计岗位设置及人员分工

姓名	会计岗位	姓名	会计岗位
王自康（科长）	审核	冯玉敏	出纳
王力	稽核、总账、报表	王俊	固定资产、职工薪酬、往来等
李晓玲	制单	高贵	材料、成本

（三）税费

公司为增值税一般纳税人，增值税税率为13%，按月缴纳。按当期应交增值税的7%计算城市维护建设税，3%计算教育费附加，2%计算地方教育费附加。

公司当期取得的增值税专用发票，按照现行增值税制度规定准予当期抵扣的，均应于当期进行认证并一次性抵扣。

公司车船使用税、房产税和城镇土地使用税均按税法规定计算缴纳。

公司所得税税率为25%，按年计征，分月预缴，年终汇算清缴，多退少补。

缴纳税费按银行开具的原始凭证编制记账凭证。

（四）薪酬

1. 薪酬标准

职工薪酬总额包括基本工资、综合奖、津贴、交通补助。每年年底调整下年度各职务的薪酬标准，本年度各项薪酬标准如表2-3所示。

表2-3 薪资标准

职务	基本工资	职务津贴	交通补助
总经理	5,000	800	300
科长	4,200	750	200
员工	3,800	0	80

2. 四险一金

企业按有关规定计算缴纳社会保险费和住房公积金。社会保险费包括基本养老保险、基本医疗保险、工伤保险、失业保险、生育保险,而基本医疗保险与生育保险合并,故称"四险一金"。四险一金计提比例如表2-4所示。

表2-4 四险一金计提比例   %

项目	基本养老保险	基本医疗保险	失业保险	工伤保险	住房公积金
企业缴纳比例	16	7	0.5	0.5	10
个人缴纳比例	8	2	0.5	0	10

各类社会保险及住房公积金当月计提,次月缴纳。根据国家有关规定,企业代扣由个人承担的社会保险费和住房公积金。

职工个人负担的社会保险及公积金通过"其他应付款"账户进行核算。

3. 个人所得税

根据现行的个人所得税法律制度规定,公司预扣预缴个人所得税,其费用扣除标准为每月5,000元(为实训方便,假定公司员工除工资外当年无其他所得,享受子女教育、赡养老人两项专项附加扣除共计2,000元,每个月无其他专项附加扣除事项)。

由企业预扣预缴的个人所得税通过"应交税费"账户进行核算。

4. 工资计算与发放

月末计算应付工资。应付工资计算公式为:

应付工资=基本工资+职务津贴+交通补助+奖金

每月10日通过中国工商银行开平支行转账发放上月职工薪酬。职工工资账号为"622208040300063××"(注:账号最后两位"××"为其人员编码的最后两位)。

实发工资计算公式为:

实发工资=应付工资-四险一金个人缴纳部分-应缴个人所得税

5. 职工福利费和职工教育经费

公司职工福利费和职工教育经费不预提,按实际发生金额列支。

6. 工会经费

工会经费按应付工资总额的2%计提。

(五)往来核算

应收账款、应收票据和预收账款科目按照客户单位进行明细分类核算。应付账款和预付账款按照供应商单位进行明细分类核算。现有客户、供应商资料分别如表2-5、表2-6所示。

表2-5 现有客户资料

序号	客户名称	客户简称	地址	纳税人登记号	开户银行	银行账号
1	广州市新南机电设备有限公司	新南机电	广州市新南路22号	91176575535455825T	工商银行新南路支行	1963198900000601638
2	江山市永裕机床经销公司	永裕机床	江山市永乐路98号	912135465657776892Q	工商银行永乐路支行	2379831000000763281

续表

序号	客户名称	客户简称	地址	纳税人登记号	开户银行	银行账号
3	沈阳市华天机电公司	华天机电	沈阳市华天路51号	91001501021032576W	工商银行华天路支行	2100630000000869137
4	瓦房店市舜成轴承厂	舜成轴承	瓦房店市舜成路6号	91210219683554611T	工商银行舜成路支行	1235256000000680930
5	江山市北江电机公司	北江电机	江山市永乐路28号	91004253214467366E	工商银行永乐路支行	2379429100000407714

表2-6 现有供应商资料

序号	客户名称	客户简称	地址	纳税人登记号	开户银行	银行账号
1	本溪市轧钢厂	本溪轧钢	本溪市西轧路42号	91210324723352156T	工商银行西轧路支行	4635778300000223980
2	江山市前江轴承厂	前江轴承	江山市昌博路97号	91164465737785445Y	工商银行昌博路支行	2379605300000329836
3	天津市宏泰轴承厂	宏泰轴承	天津市宏泰路56号	91120102103256621R	工商银行宏泰路支行	1963236900000184653
4	衡水市通用仪器厂	通用仪器	衡水市衡通路15号	91042532144673661E	工商银行衡通路支行	5134147500000123150
5	上海市申特带钢厂	申特带钢	上海市申特路73号	91043657778779899G	工商银行申特路支行	3108668100000894748
6	瓦房店市舜成轴承厂	舜成轴承	瓦房店市舜成路6号	91210219683554611T	工商银行舜成路支行	1235256000000680930
7	江山市永裕机床经销公司	永裕机床	江山市永乐路98号	91213546565776892Q	工商银行永乐路支行	2379831000000763281

除应收账款外，其他预付款项及应收款项不计提坏账准备。期末按应收账款余额的0.5%计提坏账准备。

（六）存货核算

本企业存货主要包括原材料、周转材料和库存商品，按照存货分类进行存放和核算。各类存货收发按照实际成本核算。

企业设有一个材料库和两个产成品仓库（1号成品库和2号成品库），采用全月平均法计价，实行永续盘存制。

材料（原材料和周转材料）由供应科集中采购、保管并实行账卡分设的管理模式。材料明细账由财务部门的材料核算员登记。采用月末编制"收料汇总表"和"领料汇总表"的方式登记材料总账。周转材料采用一次摊销法。材料核算程序如图2-3所示。

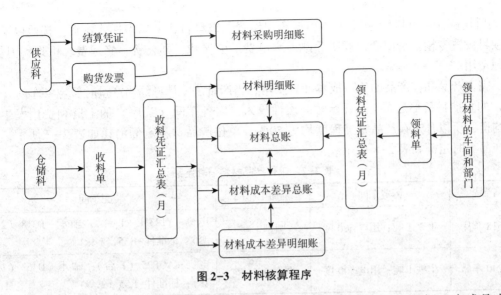

图 2-3　材料核算程序

本企业不核算自制半成品成本,本月完工入库的产成品成本于月末根据"产成品成本汇总表"一次结转。

(七)固定资产核算

企业固定资产包括房屋及建筑物、机器设备和其他三类,采用平均年限法按月计提折旧。三类固定资产的预计残值率分别为 4%、6.4%、2.8%。

(八)产品成本核算

本企业采用平行结转分步法进行产品生产成本核算,设置"生产成本"和"制造费用"两个总账科目。在"生产成本"科目下设置"基本生产成本""辅助生产成本"两个二级科目。

"基本生产成本"科目下按照基本生产车间设置三级科目,三级科目下按照产品品种设置明细科目,进行基本生产成本的明细核算。采用多栏式账页,按照基本生产成本项目设置专栏。

基本生产成本项目分为直接材料、直接人工和制造费用。

直接材料包括生产经营过程中消耗的原料及主要材料、辅助材料、外购半成品。

直接人工包括企业直接从事产品生产工人的工资、津贴、补助、奖金和工会经费等。

制造费用包括企业基本生产车间为组织和管理生产而发生的各项费用。

"辅助生产成本"科目下按照辅助生产车间设置三级科目进行辅助生产成本明细核算。采用多栏式账页,按照以下成本费用项目设置专栏:外购材料、外购动力、职工薪酬、折旧费、水电费、劳保费、办公费、修理费、其他费用。

辅助生产车间发生的各种间接费用,不通过"制造费用"科目核算。

辅助生产车间发生的各种生产费用按其受益数量,在受益对象中直接分配。

制造费用指企业为生产产品和提供劳务而发生的应计入产品成本但没有专设成本项目的各项生产费用。制造费用包括企业生产部门(如生产车间)发生的水电费、固定资产折旧、无形资产摊销、管理人员的职工薪酬、劳动保护费、国家规定的有关环保费用、季节性和修理期间的停工损失等。

"制造费用"科目下按照基本生产车间设置二级科目，采用多栏式账页，按照以下费用项目设置专栏：折旧费、职工薪酬、水电费、劳保费、办公费、修理费、机物料消耗、其他费用。

完工产品和在产品的生产成本计算采用约当产量法。计算约当产量时假定各车间（工序）的直接材料都是在生产开始时一次性投入，因各车间（工序）的工资和费用发生比较均衡，所以月末在产品完工程度均为50%。单位产品材料定额消耗如表2-7所示，单位产品工时定额如表2-8所示。

表2-7 单位产品材料消耗定额

产品	铸造车间	机加工车间	装配车间
P618车床	生铁1吨；用电500度	圆钢1吨	电机-Y123M（1台）；轴承-D318（20套）；标准件-R55（5套）
X240车床	生铁1吨；用电500度	圆钢0.75吨	电机-AOB25（1台）；轴承-D462（15套）；标准件-R55（2套）

表2-8 单位产品工时定额

项目	产品	铸造车间	机加工车间	装配车间	合计
定额工时	P618车床/小时	24	13	11	48
	X240车床/小时	19.5	10	5.5	35
完工率	P618车床/小时	0.25	0.64	0.89	
	X240车床/小时	0.28	0.7	0.92	

本企业生产费用归集和成本计算程序如图2-4所示。

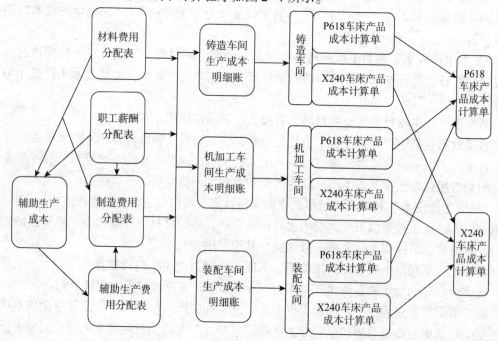

图2-4 生产费用归集和成本计算程序

（九）利润分配顺序

根据《中华人民共和国公司法》（简称《公司法》）及公司章程，公司税后利润按以下顺序分配：首先弥补亏损，其次按10%提取法定盈余公积金，最后按30%向投资者分配利润。

三、期初会计资料（手工会计）

业务日期：2020年12月1日。

金额单位：元。

【实训说明】 该企业2020年11月30日之前的会计工作还是手工方式，企业拟从2020年12月1日起，进行会计信息化项目（具体目标和功能由实训任务来定）的试运行。这里所给资料为2020年12月1日手工会计方式下的期初资料。实训前指导教师可根据需要进行统一调整，如设定日期为2021年12月1日，则后面所有业务资料的年度依此"+1"顺延。

（一）会计科目期初数据

完整意义的会计科目期初数据应该包括所有科目的本年借贷方累计发生额和期初余额。为了简化实训资料，将会计科目期初数据分在两张表中列示。表2-9列示损益类以外的一般科目的期初余额，这类科目的本年借贷方累计发生额与本期实训关系不大，不作列示。表2-10列示损益类科目的本年累计发生额，假设没有期初余额。

表2-9 一般科目表及期初余额

科目编码	科目名称	方向	核算说明	期初余额/元
1001	库存现金	借	日记账	7,450.00
1002	银行存款	借	二级：银行	1,257,830.97
100201	中国工商银行	借	明细：开户行	1,137,430.97
10020101	开平支行	借	日记账：账户	1,137,430.97
100202	中国银行	借	明细：开户行	120,400.00
10020201	开平支行	借	日记账：账户	120,400.00
1002020101	人民币	借	日记账	55,400.00
1002020102	美元	借	$10,000；日记账	65,000.00
1012	其他货币资金	借		80,000.00
101201	外埠存款	借		
101202	银行汇票	借		
101203	存出投资款	借		80,000.00
1101	交易性金融资产	借	明细：股票债券	76,500.00
110101	科创股份	借		76,500.00
11010101	成本	借	数量：3,000股	76,500.00
11010102	公允价值变动	借		

续表

科目编码	科目名称	方向	核算说明	期初余额/元
1121	应收票据	借	二级：类别	79,200.00
112101	商业承兑汇票	借	明细：客户	
112102	银行承兑汇票	借	明细：客户	79,200.00
11210201	江山市北江电机公司	借		79,200.00
1122	应收账款	借	明细：客户	800,000.00
112201	广州市新南机电设备有限公司	借		520,000.00
112202	江山市永裕机床经销公司	借		160,000.00
112203	瓦房店舜成轴承厂	借		120,000.00
1123	预付账款	借	明细：供应商	265,500.00
112301	本溪市轧钢厂	借		150,000.00
112302	江山市前江轴承厂	借		115,500.00
1221	其他应收款	借		12,900.00
122101	应收单位款项	借	明细：客户	
122102	应收个人款项	借	明细：姓名	11,500.00
12210201	张圭发	借		1,700.00
12210202	王健	借		9,800.00
122103	备用金	借	明细：部门	1,400.00
12210301	供应科	借		1,400.00
1402	在途物资	借	二级：材料类别	17,550.00
140201	原料及主要材料	借	明细：材料品种	
14020101	生铁	借	数量核算：吨	
14020102	圆钢	借	数量核算：吨	
140202	辅助材料	借	明细：材料品种	
14020201	油漆	借	数量核算：千克	
14020202	润滑油	借	数量核算：千克	
140203	外购半成品	借	明细：材料品种	17,550.00
14020301	电机-Y123M	借	数量核算：台	
14020302	电机-AOB25	借	数量核算：台	
14020303	轴承-D318	借	数量核算：套	17,550.00
14020304	轴承-D462	借	数量核算：套	
14020305	标准件-R55	借	数量核算：套	
140204	周转材料	借	明细：材料品种	

续表

科目编码	科目名称	方向	核算说明	期初余额/元
14020401	包装箱	借	数量核算：个	
14020402	工作服	借	数量核算：套	
14020403	劳保鞋	借	数量核算：双	
14020404	耐热手套	借	数量核算：副	
14020405	勾扳手	借	数量核算：个	
14020406	法兰盘	借	数量核算：个	
14020407	螺钉	借	数量核算：个	
14020408	专用配件	借	数量核算：个	
1403	原材料	借	二级：材料类别	470,000.00
140301	原料及主要材料	借	明细：材料品种	81,550.00
14030101	生铁	借	数量核算：吨	29,550.00
14030102	圆钢	借	数量核算：吨	52,000.00
140302	辅助材料	借	明细：材料品种	3,080.00
14030201	油漆	借	数量核算：千克	935.00
14030202	润滑油	借	数量核算：千克	2,145.00
140303	外购半成品	借	明细：材料品种	385,370.00
14030301	电机-Y123M	借	数量核算：台	75,000.00
14030302	电机-AOB25	借	数量核算：台	25,000.00
14030303	轴承-D318	借	数量核算：套	115,500.00
14030304	轴承-D462	借	数量核算：套	57,120.00
14030305	标准件-R55	借	数量核算：套	112,750.00
1405	库存商品	借	明细：产品品种	6,694,384.74
140501	P618 车床	借	数量核算：台	3,403,261.44
140502	X240 车床	借	数量核算：台	3,291,123.30
1406	发出商品	借		
1411	周转材料	借	明细：材料品种	185,593.00
141101	包装箱	借	数量核算：个	57,200.00
141102	工作服	借	数量核算：套	17,400.00
141103	劳保鞋	借	数量核算：双	5,760.00
141104	耐热手套	借	数量核算：副	1,170.00
141105	勾扳手	借	数量核算：个	300.00
141106	法兰盘	借	数量核算：个	2,323.00

续表

科目编码	科目名称	方向	核算说明	期初余额/元
141107	螺钉	借	数量核算：个	3,440.00
141108	专用配件	借	数量核算：个	98,000.00
1501	债权投资	借	明细：项目	230,000.00
150101	大唐国际公司债券	借		230,000.00
15010101	成本	借	数量：230 份	230,000.00
15010102	利息调整	借		
15010103	应计利息	借		
1502	债权投资减值准备	贷		
1503	其他权益工具投资	借		
1601	固定资产	借	卡片式明细账	12,500,000.00
1602	累计折旧	贷		3,200,000.00
1603	固定资产减值准备	贷		68,000.00
1604	在建工程	借	明细：项目	67,000.00
160401	锅炉	借		67,000.00
1701	无形资产	借	明细：项目	64,200.00
170101	专利权	借	分120期摊销	28,200.00
170102	专有技术	借	分120期摊销	36,000.00
1702	累计摊销	贷		11,835.00
1901	待处理财产损溢	借		
190101	待处理流动财产损溢	借		
190102	待处理固定财产损溢	借		
2001	短期借款	贷		1,560,000.00
200101	光太兴隆信托有限责任公司	贷	年利率4.35%	1,560,000.00
2201	应付票据	贷	二级：类别	40,000.00
220101	商业承兑汇票	贷	明细：供应商	40,000.00
22010101	天津市宏泰轴承厂	贷		40,000.00
220102	银行承兑汇票	贷	明细：供应商	
2202	应付账款	贷		1,008,500.00
220201	一般应付款	贷	明细：供应商	963,700.00
22020101	天津市宏泰轴承厂	贷		128,700.00
22020102	衡水市通用仪器厂	贷		549,000.00
22020103	上海市申特带钢厂	贷		286,000.00

续表

科目编码	科目名称	方向	核算说明	期初余额/元
220202	暂估应付款	贷	明细：供应商	44,800.00
22020201	江山市前江轴承厂	贷		44,800.00
2203	预收账款	贷	明细：客户	159,000.00
220301	沈阳市华天机电公司	贷		159,000.00
2211	应付职工薪酬	贷	明细：项目	296,920.45
221101	工资奖金津贴和补贴	贷		207,080.75
221102	职工福利费	贷		
221103	非货币性福利	贷		
221104	社会保险费	贷	明细：内容	18,678.75
22110401	基本医疗保险费	贷		17,433.50
22110402	工伤保险费	贷		1,245.25
221105	住房公积金	贷		24,905.00
221106	工会经费和职工教育经费	贷	明细：内容	5,162.70
22110601	工会经费	贷		5,162.70
22110602	职工教育经费	贷		
221107	带薪缺勤	贷		
221108	利润分享计划	贷		
221109	设定提存计划	贷	明细：内容	41,093.25
22110901	基本养老保险费	贷		39,848.00
22110902	失业保险费	贷		1,245.25
221110	设定受益计划义务	贷		
221111	辞退福利	贷		
2221	应交税费	贷	二级：项目	127,299.02
222101	应交增值税	贷	明细：内容	
22210101	进项税额	借		
22210102	销项税额抵减	借		
22210103	已交税金	借		
22210104	减免税款	借		
22210105	出口抵减内销产品应纳税额	借		
22210106	转出未交增值税	借		
22210107	销项税额	贷		
22210108	出口退税	贷		

续表

科目编码	科目名称	方向	核算说明	期初余额/元
22210109	进项税额转出	贷		
22210110	转出多交增值税	贷		
222102	未交增值税	贷		59,209.09
222103	预交增值税	贷		
222104	待抵扣进项税额	贷		
222105	待认证进项税额	贷		
222106	待转销项税额	贷		
222107	增值税留抵税额	贷		
222108	简易计税	贷		
222109	转让金融商品应交增值税	贷		
222110	代扣代交增值税	贷		
222111	应交消费税	贷		
222113	应交企业所得税	贷		60,984.84
222114	应交土地增值税	贷		
222115	应交城市维护建设税	贷		4,144.64
222116	应交城镇房产税	贷		
222117	应交城镇土地使用税	贷		
222119	应交车船税	贷		
222120	应交房产税	贷		
222121	应交教育费附加	贷		1,776.27
222122	应交地方教育费附加	贷		1,184.18
222123	应交个人所得税	贷		
2231	应付利息	贷		13,427.34
2241	其他应付款	贷		129,055.25
224101	应付单位款项	贷	明细:供应商	78,000.00
22410101	江山市永裕机床经销公司	贷		78,000.00
224102	应付个人款项	贷		
224103	代扣职工三险一金	贷		51,055.25
22410301	代扣职工医疗保险	贷		4,981.00
22410302	代扣职工养老保险	贷		19,924.00
22410303	代扣职工失业保险	贷		1,245.25
22410304	代扣住房公积金	贷		24,905.00

续表

科目编码	科目名称	方向	核算说明	期初余额/元
2501	长期借款	贷		1,464,800.00
250101	中国工商银行开平支行	贷	年利率5.5%	1,464,800.00
2901	递延所得税负债	贷		
4001	实收资本	贷		10,000,000.00
4002	资本公积	贷		
400201	资本溢价	贷		
400202	其他资本公积	贷		
4101	盈余公积	贷		1,452,860.98
410101	法定盈余公积	贷		1,452,860.98
410102	任意盈余公积	贷		
4103	本年利润	贷		1,677,139.02
4104	利润分配	贷		2,180,000.00
410401	提取法定盈余公积	贷		
410402	提取任意盈余公积	贷		
410403	应付现金股利或利润	贷		
410404	盈余公积补亏	贷		
410409	未分配利润	贷		2,180,000.00
5001	生产成本	借		580,728.35
500101	基本生产成本	借	明细：车间	580,728.35
50010101	铸造车间	借	明细：产品品种	86,847.03
5001010101	P618车床	借	多栏式：成本项目	43,775.80
5001010102	X240车床	借	多栏式：成本项目	43,071.23
50010102	机加工车间	借	明细：产品品种	140,079.79
5001010201	P618车床	借	多栏式：成本项目	99,165.69
5001010202	X240车床	借	多栏式：成本项目	40,914.10
50010103	装配车间	借	明细：产品品种	353,801.53
5001010301	P618车床	借	多栏式：成本项目	244,924.18
5001010302	X240车床	借	多栏式：成本项目	108,877.35
500102	辅助生产成本	借	明细：车间	
50010201	机修车间	借	多栏式：成本费用项目	
50010202	配电车间	借	多栏式：成本费用项目	
5101	制造费用	借	二级：车间	

续表

科目编码	科目名称	方向	核算说明	期初余额/元
510101	铸造车间	借	多栏式：费用项目	
510102	机加工车间	借	多栏式：费用项目	
510103	装配车间	借	多栏式：费用项目	

表2-10 损益类科目的本年累计发生额

科目编码	科目名称	方向	核算说明	借方累计/元	贷方累计/元
6001	主营业务收入	贷	明细：产品品种	12,800,000.00	12,800,000.00
600101	P618车床	贷		4,480,000.00	4,480,000.00
600102	X240车床	贷		8,320,000.00	8,320,000.00
6051	其他业务收入	贷		291,600.00	291,600.00
6111	投资收益	贷		9,800.00	9,800.00
6301	营业外收入	贷	二级：内容	1,200.00	1,200.00
630101	盘盈利得	贷			
630102	捐赠利得	贷			
630103	债务重组利得	贷			
630104	非流动资产毁损报废收益	贷			
630105	罚款收入	贷		1,200.00	1,200.00
6401	主营业务成本	借	二级：产品品种	7,790,000.00	7,790,000.00
640101	P618车床	借		2,726,500.00	2,726,500.00
640102	X240车床	借		5,063,500.00	5,063,500.00
6402	其他业务成本	借		211,500.00	211,500.00
6403	税金及附加	借		71,050.90	71,050.90
640303	地方教育费附加	借			
6601	销售费用	借	二级：费用项目	442,258.00	442,258.00
660101	折旧费	借			
660102	职工薪酬	借		175,516.00	175,516.00
660103	水电费	借		2,320.00	2,320.00
660104	差旅费	借		20,780.00	20,780.00
660105	办公费	借		4,820.00	4,820.00
660106	业务招待费	借		70,800.00	70,800.00
660107	修理费	借		502.00	502.00
660108	运输费	借		63,720.00	63,720.00
660109	广告宣传费	借		102,600.00	102,600.00

续表

科目编码	科目名称	方向	核算说明	借方累计/元	贷方累计/元
660199	其他费用	借		1,200.00	1,200.00
6602	管理费用	借	二级：费用项目	2,211,275.30	2,211,275.30
660201	折旧费	借		204,185.30	204,185.30
660202	职工薪酬	借		1,715,659.00	1,715,659.00
660203	水电费	借		184,898.00	184,898.00
660204	差旅费	借		9,050.00	9,050.00
660205	办公费	借		42,000.00	42,000.00
660206	业务招待费	借		16,900.00	16,900.00
660207	修理费	借		19,578.00	19,578.00
660208	保险费	借		6,700.00	6,700.00
660209	无形资产摊销	借		5,885.00	5,885.00
660299	其他费用	借		6,420.00	6,420.00
6603	财务费用	借	二级：费用项目	191,400.00	191,400.00
660301	利息支出	借		190,800.00	190,800.00
660302	汇兑损益	借			
660303	手工费及工本费	借		600.00	600.00
660304	现金折扣	借			
660305	票据贴现	借			
660399	其他费用	借			
6701	资产减值损失	借			
6702	信用减值损失	借			
6711	营业外支出	借	二级：内容	20,000.00	20,000.00
671101	盘亏损失	借			
671102	公益性捐赠支出	借		10,000.00	10,000.00
671103	债务重组损失	借			
671104	非流动资产毁损报废损失	借			
671105	非常损失	借			
671106	罚款支出	借		10,000.00	10,000.00
6801	所得税费用	借		559,027.68	559,027.68
680101	当期所得税费用	借		559,027.68	559,027.68
680102	递延所得税费用	借			

(二)往来业务期初余额明细

各往来业务期初余额明细如表2-11至表2-20所示。

表2-11 应收票据

单据	开票单位	票据面值/元	签发日期	收到日期	到期日
银行承兑汇票12001010	江山市北江电机公司	79,200	2020-9-20	2020-11-25	2020-12-20

表2-12 应收账款

开票日期	发票号	客户	商品	数量	含税单价/元	价税合计
2020-11-20	32001030	广州市新南机电设备有限公司	P618 车床	13 台	40,000.00	520,000.00
2020-11-22	32001037	江山市永裕机床经销公司	P618 车床	4 台	40,000.00	160,000.00
2020-11-22	32001038	瓦房店市舜成轴承厂	X240 车床	4 台	30,000.00	120,000.00

表2-13 预收账款

收款日期	客户	结算方式	金额/元	票号	部门	业务员
2020-11-28	沈阳市华天机电公司	电汇	159,000.00	56632091	销售科	刘晓寿

表2-14 其他应收款——应收职工款项

单据	发生日期	借款人	借款事由	金额/元
借款单11012	2020-11-25	供应科 张圭发	出差借款	1,700.00
借款单11013	2020-11-28	行政科 王健	出差借款	9,800.00

表2-15 "其他应收款——备用金"部门期初余额

单据	发生日期	借款人	借款事由	金额/元
借款单11005	2020-11-15	供应科	备用金	1,400

表2-16 应付票据

单据	收票单位	票据面值/元	票据余额/元	签发日期	到期日
商业承兑汇票22101473	天津市宏泰轴承厂	40,000.00	40,000.00	2020-9-27	2020-12-27

表2-17 应付账款——一般应付款

开票日期	发票	客户	商品	数量	价税合计/元
2020-11-27	11671411	天津市宏泰轴承厂	D318 轴承	330 台	128,700.00
2020-11-28	22001402	衡水市通用仪器厂	Y123M 电机	400 台	549,000.00
2020-11-30	32001503	上海市申特带钢厂	圆钢	100 吨	286,000.00

表2-18 应付账款——暂估应付款

开票日期	发票	客户	商品	数量	价税合计/元
2020-11-30	42104027	江山市前江轴承厂	D462 轴承	200 套	44,800.00

表 2-19 预付账款

付款日期	供应商	结算方式	金额/元	票号	部门	业务员
2020-11-21	本溪市轧钢厂	电汇	150,000.00	27831428	供应科	王功英
2020-11-23	江山市前江轴承厂	电汇	115,500.00	32846201	供应科	王功英

表 2-20 其他应付款——应付单位款项

单据	发生日期	借款人	借款事由	金额/元
收据 10012	2020-11-30	江山市永裕机床经销公司	包装物押金	78,000.00

（三）未完成的购销业务

未完成的购销业务是指截止到上月末，购销业务已经开始进入执行阶段（开发票或发出货物），但因为某种原因，发票与货物未能钩稽。

1. 未完成销售业务

11 月 25 日，销售员刘晓寿与沈阳市华天机电公司签订销售合同（合同编号：XS2020112501，如图 2-5 所示）。11 月 28 日收到对方预付货款 159,000 元。11 月 30 日销售科向对方发出 P618 车床 3 台，已约定 12 月初开发票。

图 2-5 购销合同（XS2020112501）

2. 未完成采购业务（共3笔）

第1笔：11月21日，采购员王功英与本溪市轧钢厂签订购销合同（合同编号：CG2020112101，如图2-6所示）。当日依据合同向对方预付了部分货款150,000元，尚未收到发票和货物。

第2笔：11月23日，采购员张圭发与江山市前江轴承厂签订购销合同（合同编号：CG2020112301，如图2-7所示）。当日依据合同向对方预付了部分货款115,500元，尚未收到发票。11月30日收到前江轴承厂发来D462轴承共计200套，全部验收合格并已入库，因供应商原因尚未开具发票，这批货月末按合同约定的不含税价每套224元做入账处理，成为期初采购入库单的内容，如表2-21所示。

购销合同

供货单位（甲方）：本溪市轧钢厂　　　　　　　　　　　　合同编号：CG2020112101
购货单位（乙方）：昌博车床有限责任公司

根据《中华人民共和国合同法》及国家相关法律、法规之规定，甲乙双方本着平等互利的原则，就乙方购买甲方产品一事达成如下协议。

一、产品名称、数量、价格

货物名称	规格型号	计量单位	数量	单价（含税）元	金额（含税）元	税率
圆钢		吨	25	5,876.00	146,900.00	13%
合计金额	大写人民币	壹拾肆万陆仟玖佰元整			146,900.00	13%

二、货款结算
1、付款方式：　转账支票
2、甲方开户行：工商银行西轧路支行　　　　账号：　4635778300000223980
3、乙方须一次性向甲方付清货款。货款到达甲方账号后，甲方于两个工作日内发出货物及发票。

三、发送方式及运费承担方式：卖方负责发货，买方承担运费。

四、售后服务
1、电话咨询：3314662
2、信函传真：3314662

五、违约责任
甲乙双方任何一方违约，违约方应按照国家有关法律、法规规定向守约方支付违约金；守约方有权向违约方追索由此引起的经济损失。

六、附则
本合同自双方签字、盖章之日起生效；本合同壹式贰份，甲乙双方各执壹份。

甲方（签章）：本溪市轧钢厂　　　　　　　　　　乙方（签章）：昌博车床有限责任公司
代表（签字）：罗圭光　　　　　　　　　　　　　代表（签字）：王功英
地址：本溪市西轧路42号　　　　　　　　　　　　地址：江山市开平区昌博路60号
电话：3314662　　　　　　　　　　　　　　　　电话：2810366
2020年11月21日　　　　　　　　　　　　　　　　2020年11月21日

图2-6　购销合同（CG2020112101）

购销合同

供货单位（甲方）：江山市前江轴承厂
购货单位（乙方）：昌博车床有限责任公司

合同编号：CG2020112301

根据《中华人民共和国合同法》及国家相关法律、法规之规定，甲乙双方本着平等互利的原则，就乙方购买甲方产品一事达成如下协议。

一、产品名称、数量、价格

货物名称	规格型号	计量单位	数量	单价（含税）元	金额（含税）元	税率
D318轴承		套	200	395.50	79,100.00	13%
D462轴承		套	200	253.12	50,624.00	13%
合计金额	大写人民币	壹拾贰万玖仟柒佰贰拾肆元整			129,724.00	13%

二、货款结算
1、付款方式：转账支票
2、甲方开户行：工商银行昌博路支行   账号：2379605300000329836
3、合同生效后甲方于5日内将货物送到乙方所在地并开出增值税专用发票。乙方收货后30日内与甲方结清往来账款。

三、发送方式及送费承担方式：卖方负责送货并承担运费。

四、售后服务
1、电话咨询：2816884
2、信函传真：2816884

五、违约责任
甲乙双方任何一方违约，违约方应按照国家有关法律、法规规定向守约方支付违约金；守约方有权向违约方追索由此引起的经济损失。

六、附则
本合同自双方签字、盖章之日起生效；本合同壹式贰份，甲乙双方各执壹份。

甲方（签章）：江山市前江轴承厂
代表（签字）：周榜
地址：江山市昌博路9号
电话：2816884
2020 年 11 月 23 日

乙方（签章）：昌博车床有限责任公司
代表（签字）：张圭发
地址：江山市开平区昌博路60号
电话：2810366
2020 年 11 月 23 日

图 2-7 购销合同（CG2020112301）

表 2-21 期初采购入库单

入库日期	仓库	供货单位	业务类型	采购类型	入库类别	存货	数量	无税单价	无税金额
2020-11-30	材料库	前江轴承	普通采购	普通采购	采购入库	D462轴承	200	224	44,800

第3笔：11月27日，采购员张圭发与天津宏泰签订采购合同（合同编号：CG2020112701，如图2-8所示）。发票当日开出，如图2-9所示。11月月底前已验收入库285套。尚有45套在途。

购销合同

供货单位（甲方）：天津市宏泰轴承厂
购货单位（乙方）：昌博车床有限责任公司
合同编号：CG2020112701

根据《中华人民共和国合同法》及国家相关法律、法规之规定，甲乙双方本着平等互利的原则，就乙方购买甲方产品一事达成如下协议。

一、产品名称、数量、价格

货物名称	规格型号	计量单位	数量	单价（含税）元	金额（含税）元	税率
D318轴承		套	330	390.00	128,700.00	13%
合计金额	大写人民币 壹拾贰万捌仟柒佰元整				128,700.00	13%

二、货款结算
1、付款方式：电汇
2、甲方开户行：工商银行宏泰路支行　　　　账号：1963236900000184653
3、合同生效后甲方于5日内将货物送到乙方所在地并开出增值税专用发票。乙方收货后30日内与甲方结清往来账款。

三、发送方式及运费承担方式：卖方负责送货并承担运费。

四、售后服务
1、电话咨询：2816884
2、信函传真：2816884

五、违约责任
甲乙双方任何一方违约，违约方应按照国家有关法律、法规规定向守约方支付违约金；守约方有权向违约方追索由此引起的经济损失。

六、附则
本合同自双方签字、盖章之日起生效；本合同壹式贰份，甲乙双方各执壹份。

甲方（签章）：天津市宏泰轴承厂　　　　乙方（签章）：昌博车床有限责任公司
代表（签字）：简良　　　　　　　　　　代表（签字）：张垚发
地址：天津市宏泰路56号　　　　　　　　地址：江山市开平区昌博路10号
电话：2661116　　　　　　　　　　　　电话：2810366
2020 年 11 月 27 日　　　　　　　　　　2020 年 11 月 27 日

图 2-8　购销合同（CG2020112701）

天津增值税专用发票

012001900211　　　　　　　　　　　　　　　NO11671411　　　　012001900211
611619242123　　　　　　　　　　　　　　　　　　　　　　　611619242123

开票日期：2020年11月27日

购买方	名称：	昌博车床有限责任公司		密码区	4151*6915361/3*++0/+0*/*+2/9 *11*+66667/*+3*0/611*66666* +3*+216***+300*261*2*4/*547 451*6915361/3* 203994+-42*6		
	纳税人识别号：	130203723351146					
	地址、电话：	江山市开平区昌博路10号2810366					
	开户行及账号：	中国工商银行开平支行 0403123409000056708					

货物或应税劳务、服务名称	规格型号	单位	数量	单价	金额	税率	税额
D318轴承		套	330	345.13274	113893.81	13%	14806.19
合　计					￥113893.81		￥14806.19

价税合计（大写）：◎壹拾贰万捌仟柒佰元整　　　（小写）￥128700.00

销售方	名称：	天津市宏泰轴承厂
	纳税人识别号：	91120102103256621R
	地址、电话：	天津市宏泰路56号2661116
	开户行及账号：	工商银行宏泰路支行1963236900000184653

收款人：　　　复核：彭良先　　　开票人：白俊然　　　销售方：

图 2-9　采购发票（11月27日，天津宏泰）

其他购销业务的合同及发票略。

（四）存货类科目期初结存

依据本企业存货核算要求，存货类科目期初结存包括原材料、周转材料、库存商品科目分库统计的期初结存，还包括基本生产科目的期初结存，如表2-22至表2-25所示。

表2-22　原材料（材料库）

二级分类	明细分类	单位	单价/元	结存数量	结存金额/元
原料及主要材料	生铁	吨	2,955.00	10	29,550.00
	圆钢	吨	5,200.00	10	52,000.00
辅助材料	油漆	千克	11.00	85	935.00
	润滑油	千克	39.00	55	2,145.00
外购半成品	电机-Y123M	台	1,500.00	50	75,000.00
	电机-AOB25	台	500.00	50	25,000.00
	轴承-D318	套	350.00	330	115,500.00
	轴承-D462	套	224.00	255	57,120.00
	标准件-R55	套	2,050.00	55	112,750.00

表2-23　周转材料（材料库）

明细分类	单位	结存数量	单位成本/元	结存金额/元
包装箱	个	220	260.00	57,200.00
工作服	套	120	145.00	17,400.00
劳保鞋	双	120	48.00	5,760.00
耐热手套	副	130	9.00	1,170.00
勾扳手	个	50	6.00	300.00
法兰盘	个	101	23.00	2,323.00
螺钉	盒	100	34.40	3,440.00
专用配件	个	350	280.00	98,000.00

表2-24　库存商品

明细分类	仓库	计量单位	单位实际成本/元	结存数量	期初余额/元
P618车床	1号成品库	台	30,117.36	113	3,403,261.44
X240车床	2号成品库	台	18,386.16	179	3,291,123.30

表2-25　生产成本——基本生产成本

车间	在产品	数量/台	直接材料/元	直接人工/元	制造费用/元	合计/元
铸造车间	P618车床	10	33,600.00	2,050.80	8,125.00	43,775.80
	X240车床	10	33,600.00	1,866.23	7,605.00	43,071.23
	合计		67,200.00	3,917.03	15,730.00	86,847.03

续表

车间	在产品	数量/台	直接材料/元	直接人工/元	制造费用/元	合计/元
机加工车间	P618 车床	15	78,000.00	4,265.66	16,900.03	99,165.69
	X240 车床	8	31,200.00	1,914.08	7,800.02	40,914.10
	合计		109,200.00	6,79.74	24,700.05	140,079.79
装配车间	P618 车床	12	225,000.00	4,015.47	15,908.71	244,924.18
	X240 车床	10	100,100.00	1,729.51	7,047.84	108,877.35
	合计		325,100.00	5,744.97	22,956.56	353,801.53
合计			501,500.00	15,841.75	63,386.60	580,728.35

（五）员工薪酬资料

员工薪酬资料表包括本年工资标准和 11 月份工资计算表，分别如表 2-26 和表 2-27 所示。

表 2-26　本年工资标准　　　　　　　　　　　　　　　　　　　　　元

编码	姓名	部门	人员类别	基本工资	津贴	交补	四险一金缴费基数	累计应付工资
001	王义国	行政科	企业管理	5,000.00	800.00	300.00	7,500.00	85,000.00
002	崔达	行政科	企业管理	4,200.00	750.00	200.00	6,600.00	75,000.00
003	王健	行政科	企业管理	3,800.00		80.00	5,000.00	59,000.00
004	尚文	行政科	企业管理	3,800.00		80.00	5,000.00	58,000.00
005	王自康	财务科	企业管理	4,200.00	750.00	200.00	6,800.00	75,000.00
006	王力	财务科	企业管理	3,800.00		80.00	5,300.00	58,000.00
007	李晓玲	财务科	企业管理	3,800.00		80.00	5,000.00	58,800.00
008	冯玉敏	财务科	企业管理	3,800.00		80.00	5,000.00	58,000.00
009	王俊	财务科	企业管理	3,800.00		80.00	5,200.00	58,600.00
010	高贵	财务科	企业管理	3,800.00		80.00	5,000.00	58,000.00
011	张圭发	供应科	采购	4,200.00	750.00	200.00	6,500.00	75,000.00
012	王功英	供应科	采购	3,800.00		80.00	5,000.00	58,000.00
013	王强	销售科	销售	4,200.00	750.00	200.00	6,500.00	75,000.00
014	刘晓寿	销售科	销售	3,800.00		80.00	5,000.00	58,000.00
015	张宏涛	技术科	企业管理	4,200.00	750.00	200.00	6,500.00	75,000.00
016	张吉书	技术科	企业管理	3,800.00		80.00	5,050.00	58,800.00
017	宋华文	设备科	企业管理	4,200.00	750.00	200.00	6,700.00	75,000.00
018	李舍贝	设备科	企业管理	3,800.00		80.00	5,000.00	58,000.00
019	李洪亮	仓储科	企业管理	4,200.00	750.00	200.00	6,500.00	75,000.00
020	孔祥军	仓储科	企业管理	3,800.00		80.00	5,500.00	58,000.00

续表

编码	姓名	部门	人员类别	基本工资	津贴	交补	四险一金缴费基数	累计应付工资
021	王博	仓储科	企业管理	3,800.00		80.00	5,000.00	58,000.00
022	王平	后勤科	企业管理	3,800.00		80.00	5,000.00	58,000.00
023	王军辉	铸造车间	车间管理	4,200.00	750.00	200.00	6,700.00	75,000.00
024	王小刚	铸造车间	生产	3,800.00		80.00	5,500.00	58,000.00
025	殷旭	铸造车间	生产	3,800.00		80.00	5,000.00	59,000.00
026	项俊	铸造车间	生产	3,800.00		80.00	5,400.00	58,000.00
027	赵钢	铸造车间	生产	3,800.00		80.00	5,100.00	58,000.00
028	高华强	铸造车间	生产	3,800.00		80.00	5,000.00	58,000.00
029	李刚	铸造车间	生产	3,800.00		80.00	5,000.00	58,000.00
030	魏刚	机加工车间	车间管理	4,200.00	750.00	200.00	6,500.00	75,000.00
031	王波	机加工车间	生产	3,800.00		80.00	5,000.00	59,000.00
032	李立凤	机加工车间	生产	3,800.00		80.00	5,200.00	58,000.00
033	杨旭	机加工车间	生产	3,800.00		80.00	5,000.00	58,000.00
034	姜文	机加工车间	生产	3,800.00		80.00	5,000.00	58,000.00
035	周浩	装配车间	车间管理	4,200.00	750.00	200.00	6,500.00	75,000.00
036	杨欢	装配车间	生产	3,800.00		80.00	5,000.00	58,000.00
037	贾力	装配车间	生产	3,800.00		80.00	5,000.00	58,000.00
038	刘海峰	装配车间	生产	3,800.00		80.00	5,000.00	58,000.00
039	李娜	装配车间	生产	3,800.00		80.00	5,000.00	58,000.00
040	王文丽	机修车间	车间管理	4,200.00	750.00	200.00	6,600.00	75,000.00
041	宋林广	机修车间	生产	3,800.00		80.00	5,000.00	58,000.00
042	江雪	机修车间	生产	3,800.00		80.00	5,200.00	58,800.00
043	张春风	配电车间	车间管理	4,200.00	750.00	200.00	6,700.00	75,000.00
044	冯殿功	配电车间	生产	3,800.00		80.00	5,000.00	58,000.00
045	万佩典	配电车间	生产	3,800.00		80.00	5,000.00	58,500.00
	合计			177,000.00	9,800.00	5,260.00	249,050.00	2,847,500.00

说明：表2-26中"累计应付工资"的时间范围是本年1—11月份，所有人的"累计预扣预缴税款"（1—11月）都为"0"。

表2-27　11月份工资计算表　　　　　　　　　　　　　　　　　　元

姓名	职务	基本工资	综合奖	津贴	交补	请假扣款	应发额	养老保险	医疗保险	失业保险	住房公积金	实发工资
王义国	总经理	5,000.00	1,700.00	800.00	300.00		7,800.00	600.00	150.00	37.50	750.00	6,262.50

续表

姓名	职务	基本工资	综合奖	津贴	交补	请假扣款	应发额	养老保险	医疗保险	失业保险	住房公积金	实发工资
崔达	科长	4,200.00	1,700.00	750.00	200.00		6,850.00	528.00	132.00	33.00	660.00	5,497.00
王健	员工	3,800.00	1,400.00		80.00		5,280.00	400.00	100.00	25.00	500.00	4,255.00
尚文	员工	3,800.00	1,400.00		80.00		5,280.00	400.00	100.00	25.00	500.00	4,255.00
王自康	科长	4,200.00	1,700.00	750.00	200.00	42.00	6,808.00	544.00	136.00	34.00	680.00	5,414.00
王力	员工	3,800.00	1,400.00		80.00		5,280.00	424.00	106.00	26.50	530.00	4,193.50
李晓玲	员工	3,800.00	1,400.00		80.00		5,280.00	400.00	100.00	25.00	500.00	4,255.00
冯玉敏	员工	3,800.00	1,400.00		80.00		5,280.00	400.00	100.00	25.00	500.00	4,255.00
王俊	员工	3,800.00	1,400.00		80.00		5,280.00	416.00	104.00	26.00	520.00	4,214.00
高贵	员工	3,800.00	1,400.00		80.00		5,280.00	400.00	100.00	25.00	500.00	4,255.00
张圭发	科长	4,200.00	1,700.00	750.00	200.00		6,850.00	520.00	130.00	32.50	650.00	5,517.50
王功英	员工	3,800.00	1,400.00		80.00		5,280.00	400.00	100.00	25.00	500.00	4,255.00
王强	科长	4,200.00	1,700.00	750.00	200.00	84.00	6,766.00	520.00	130.00	32.50	650.00	5,433.50
刘晓寿	员工	3,800.00	1,400.00		80.00		5,280.00	400.00	100.00	25.00	500.00	4,255.00
张宏涛	科长	4,200.00	1,700.00	750.00	200.00		6,850.00	520.00	130.00	32.50	650.00	5,517.50
张吉书	员工	3,800.00	1,400.00		80.00		5,280.00	404.00	101.00	25.25	505.00	4,244.75
宋华文	科长	4,200.00	1,700.00	750.00	200.00		6,850.00	536.00	134.00	33.50	670.00	5,476.50
李舍贝	员工	3,800.00	1,400.00				5,280.00	400.00	100.00	25.00	500.00	4,255.00
李洪亮	科长	4,200.00	1,700.00	750.00	200.00		6,850.00	520.00	130.00	32.50	650.00	5,517.50
孔祥军	员工	3,800.00	1,400.00		80.00		5,280.00	440.00	110.00	27.50	550.00	4,152.50
王博	员工	3,800.00	1,400.00		80.00		5,280.00	400.00	100.00	25.00	500.00	4,255.00
王平	员工	3,800.00	1,400.00		80.00		5,280.00	400.00	100.00	25.00	500.00	4,255.00
王军辉	科长	4,200.00	1,700.00	750.00	200.00		6,850.00	536.00	134.00	33.50	670.00	5,476.50
王小刚	车床员工	3,800.00	1,400.00		80.00	76.00	5,204.00	440.00	110.00	27.50	550.00	4,076.50
殷旭	车床员工	3,800.00	1,400.00		80.00		5,280.00	400.00	100.00	25.00	500.00	4,255.00
项俊	车床员工	3,800.00	1,400.00		80.00		5,280.00	432.00	108.00	27.00	540.00	4,173.00
赵钢	铣床员工	3,800.00	1,400.00		80.00		5,280.00	408.00	102.00	25.50	510.00	4,234.50
高华强	铣床员工	3,800.00	1,400.00		80.00		5,280.00	400.00	100.00	25.00	500.00	4,255.00
李刚	铣床员工	3,800.00	1,400.00		80.00		5,280.00	400.00	100.00	25.00	500.00	4,255.00
魏刚	科长	4,200.00	1,700.00	750.00	200.00		6,850.00	520.00	130.00	32.50	650.00	5,517.50
王波	车床员工	3,800.00	1,400.00		80.00		5,280.00	400.00	100.00	25.00	500.00	4,255.00
李立凤	车床员工	3,800.00	1,400.00		80.00		5,280.00	416.00	104.00	26.00	520.00	4,214.00
杨旭	铣床员工	3,800.00	1,400.00		80.00		5,280.00	400.00	100.00	25.00	500.00	4,255.00
姜文	铣床员工	3,800.00	1,400.00		80.00		5,280.00	400.00	100.00	25.00	500.00	4,255.00
周浩	科长	4,200.00	1,700.00	750.00	200.00		6,850.00	520.00	130.00	32.50	650.00	5,517.50
杨欢	车床员工	3,800.00	1,400.00		80.00		5,280.00	400.00	100.00	25.00	500.00	4,255.00
贾力	车床员工	3,800.00	1,400.00		80.00		5,280.00	400.00	100.00	25.00	500.00	4,255.00

续表

姓名	职务	基本工资	综合奖	津贴	交补	请假扣款	应发额	养老保险	医疗保险	失业保险	住房公积金	实发工资
刘海峰	铣床员工	3,800.00	1,400.00		80.00	38.00	5,242.00	400.00	100.00	25.00	500.00	4,217.00
李娜	员工	3,800.00	1,400.00		80.00		5,280.00	400.00	100.00	25.00	500.00	4,255.00
王文丽	科长	4,200.00	1,700.00	750.00	200.00		6,850.00	528.00	132.00	33.00	660.00	5,497.00
宋林广	员工	3,800.00	1,400.00		80.00		5,280.00	400.00	100.00	25.00	500.00	4,255.00
江雪	员工	3,800.00	1,400.00		80.00		5,280.00	416.00	104.00	26.00	520.00	4,214.00
张春风	科长	4,200.00	1,500.00	750.00	200.00		6,650.00	536.00	134.00	33.50	670.00	5,276.50
冯殿功	员工	3,800.00	1,300.00		80.00		5,180.00	400.00	100.00	25.00	500.00	4,155.00
万佩典	员工	3,800.00	1,192.00		80.00	76.00	4,996.00	400.00	100.00	25.00	500.00	3,971.00
合计		177,00.00	66,392.00	9,800.00	5,260.00	316.00	258,136.00	19,924.00	4,981.00	1,245.25	24,905.00	207,080.75

(六) 固定资产科目初始资料

固定资产科目初始资料包括固定资产科目下各明细科目的期初余额和固定资产卡片资料，如表2-28和表2-29所示。

表2-28 固定资产　　　　　　　元

部门	资产名称	原值	累计折旧	净值
行政科	行政用房屋	1,400,000.00	588,000.00	812,000.00
	行政用办公设备	400,000.00	168,000.00	232,000.00
	晒图机	474,500.00	82,563.00	391,937.00
	合计	2,274,500.00	838,563.00	1,435,937.00
铸造车间	铸造车间厂房	900,000.00	216,000.00	684,000.00
	铸造车间生产线	435,000.00	99,180.00	335,820.00
	锅炉	85,000.00	74,000.00	11,000.00
	铸造车间其他	700,000.00	96,600.00	603,400.00
	合计	2,120,000.00	485,780.00	1,634,220.00
机加工车间	机加工车间厂房	1,000,000.00	250,113.00	749,887.00
	机加工车间生产线	2,294,000.00	523,032.00	1,702,968.00
		已提减值准备68,000.00		
	钻床（大型）	87,000.00	80,000.00	7,000.00
	六角车床	19,000.00	17,500.00	1,500.00
	机加工车间其他	850,000.00	117,300.00	732,700.00
	磨齿机	39,000.00	15,000.00	24,000.00
	合计	4,289,000.00	1,002,945.00	3,218,055.00

续表

部门	资产名称	原值	累计折旧	净值
装配车间	装配车间厂房	1,950,000.00	468,000.00	1,482,000.00
	装配车间生产线	750,000.00	171,000.00	579,000.00
	装配车间其他	400,000.00	57,600.00	342,400.00
	产成品仓库	116,500.00	33,552.00	82,948.00
	合计	3,216,500.00	730,152.00	2,486,348.00
机修车间	机修车间厂房	130,000.00	31,200.00	98,800.00
	机修车间生产线	120,000.00	27,360.00	92,640.00
	合计	250,000.00	58,560.00	191,440.00
配电车间	配电车间厂房	150,000.00	36,000.00	114,000.00
	配电车间生产线	200,000.00	48,000.00	152,000.00
	合计	350,000.00	84,000.00	266,000.00

表2-29 固定资产卡片

卡片编号：00001			
固定资产编号	0111	固定资产名称	铸造车间厂房
类别编号	01	类别名称	房屋及建筑物
部门名称	铸造车间	增加方式	在建工程转入
使用状况	使用中	使用年限	10年
折旧方法	平均年限法（一）	开始使用日期	2018-05-05
原值	900,000.00元	累计折旧	216,000.00元

卡片编号：00002			
固定资产编号	0211	固定资产名称	铸造车间生产线
类别编号	02	类别名称	机器设备
部门名称	铸造车间	增加方式	直接购入
使用状况	使用中	使用年限	6.5年
折旧方法	平均年限法（一）	开始使用日期	2019-04-05
原值	435,000.00元	累计折旧	99,180.00元

卡片编号：00003			
固定资产编号	0212	固定资产名称	锅炉
类别编号	02	类别名称	机器设备
部门名称	铸造车间	增加方式	直接购入
使用状况	使用中	使用年限	6.5年
折旧方法	平均年限法（一）	开始使用日期	2014-11-05

续表

原值	85,000.00元	累计折旧	74,000.00元
卡片编号：00004			
固定资产编号	0311	固定资产名称	铸造车间其他
类别编号	03	类别名称	其他
部门名称	铸造车间	增加方式	直接购入
使用状况	使用中	使用年限	13.5年
折旧方法	平均年限法（一）	开始使用日期	2017-12-09
原值	700,000.00元	累计折旧	96,600.00元
卡片编号：00005			
固定资产编号	0121	固定资产名称	机加工车间厂房
类别编号	01	类别名称	房屋及建筑物
部门名称	机加工车间	增加方式	在建工程转入
使用状况	使用中	使用年限	10年
折旧方法	平均年限法（一）	开始使用日期	2018-05-05
原值	1,000,000.00元	累计折旧	25,0113.00元
卡片编号：00006			
固定资产编号	0221	固定资产名称	机加工车间生产线
类别编号	02	类别名称	机器设备
部门名称	机加工车间	增加方式	直接购入
使用状况	使用中	使用年限	6.5年
折旧方法	平均年限法（一）	开始使用日期	2019-04-09
原值	2,294,000.00元	累计折旧	523,032.00元
		已提减值准备	68,000.00元
卡片编号：00007			
固定资产编号	0222	固定资产名称	钻床（大型）
类别编号	02	类别名称	机器设备
部门名称	机加工车间	增加方式	直接购入
使用状况	使用中	使用年限	6.5年
折旧方法	平均年限法（一）	开始使用日期	2014-07-08
原值	87,000.00元	累计折旧	80,000.00元
卡片编号：00008			
固定资产编号	0223	固定资产名称	六角车床
类别编号	02	类别名称	机器设备

续表

部门名称	机加工车间	增加方式	直接购入
使用状况	使用中	使用年限	6.5 年
折旧方法	平均年限法（一）	开始使用日期	2014-07-02
原值	19,000.00 元	累计折旧	17,500.00 元

卡片编号：00009

固定资产编号	0321	固定资产名称	机加工车间其他
类别编号	03	类别名称	其他
部门名称	机加工车间	增加方式	直接购入
使用状况	使用中	使用年限	13.5 年
折旧方法	平均年限法（一）	开始使用日期	2018-12-09
原值	850,000.00 元	累计折旧	117,300.00 元

卡片编号：00010

固定资产编号	0131	固定资产名称	装配车间厂房
类别编号	01	类别名称	房屋及建筑物
部门名称	装配车间	增加方式	在建工程转入
使用状况	使用中	使用年限	10 年
折旧方法	平均年限法（一）	开始使用日期	2018-05-08
原值	1,950,000.00 元	累计折旧	468,000.00 元

卡片编号：00011

固定资产编号	0231	固定资产名称	装配车间生产线
类别编号	02	类别名称	机器设备
部门名称	装配车间	增加方式	直接购入
使用状况	使用中	使用年限	6.5 年
折旧方法	平均年限法（一）	开始使用日期	2019-04-05
原值	750,000.00 元	累计折旧	171,000.00 元

卡片编号：00012

固定资产编号	0331	固定资产名称	装配车间其他
类别编号	03	类别名称	其他
部门名称	装配车间	增加方式	直接购入
使用状况	使用中	使用年限	13.5 年
折旧方法	平均年限法（一）	开始使用日期	2018-11-09
原值	400,000.00 元	累计折旧	57,600.00 元

续表

卡片编号：00013			
固定资产编号	0141	固定资产名称	机修车间厂房
类别编号	01	类别名称	房屋及建筑物
部门名称	机修车间	增加方式	在建工程转入
使用状况	使用中	使用年限	10 年
折旧方法	平均年限法（一）	开始使用日期	2018-05-07
原值	130,000.00 元	累计折旧	31,200.00 元

卡片编号：00014			
固定资产编号	0241	固定资产名称	机修车间生产线
类别编号	02	类别名称	机器设备
部门名称	机修车间	增加方式	直接购入
使用状况	使用中	使用年限	6.5 年
折旧方法	平均年限法（一）	开始使用日期	2019-04-05
原值	120,000.00 元	累计折旧	27,360.00 元

卡片编号：00015			
固定资产编号	0151	固定资产名称	配电车间厂房
类别编号	01	类别名称	房屋及建筑物
部门名称	配电车间	增加方式	在建工程转入
使用状况	使用中	使用年限	10 年
折旧方法	平均年限法（一）	开始使用日期	2018-05-05
原值	150,000.00 元	累计折旧	36,000.00 元

卡片编号：00016			
固定资产编号	0251	固定资产名称	配电车间生产线
类别编号	02	类别名称	机器设备
部门名称	配电车间	增加方式	直接购入
使用状况	使用中	使用年限	6.5 年
折旧方法	平均年限法（一）	开始使用日期	2019-03-05
原值	200,000.00 元	累计折旧	48,000.00 元

卡片编号：00017			
固定资产编号	0161	固定资产名称	行政用房屋
类别编号	01	类别名称	房屋及建筑类
部门名称	行政科	增加方式	在建工程转入
使用状况	使用中	使用年限	10 年

续表

折旧方法	平均年限法（一）	开始使用日期	2017-07-05
原值	1,400,000.00 元	累计折旧	588,000.00 元
卡片编号：00018			
固定资产编号	0261	固定资产名称	行政用办公设备
类别编号	02	类别名称	机器设备
部门名称	行政科	增加方式	直接购入
使用状况	使用中	使用年限	6.5 年
折旧方法	平均年限法（一）	开始使用日期	2017-12-05
原值	400,000.00 元	累计折旧	168,000.00 元
卡片编号：00019			
固定资产编号	0224	固定资产名称	磨齿机
类别编号	02	类别名称	机器设备
部门名称	机加工车间	增加方式	直接购入
使用状况	不需用	使用年限	6.5 年
折旧方法	平均年限法（一）	开始使用日期	2018-03-05
原值	39,000.00 元	累计折旧	15,000.00 元
卡片编号：00020			
固定资产编号	0132	固定资产名称	产成品仓库
类别编号	01	类别名称	房屋及建筑物
部门名称	装配车间	增加方式	在建工程转入
使用状况	使用中	使用年限	10 年
折旧方法	平均年限法（一）	开始使用日期	2017-11-05
原值	116,500.00 元	累计折旧	33,552.00 元
卡片编号：00021			
固定资产编号	0361	固定资产名称	晒图机
类别编号	03	类别名称	其他
部门名称	行政科	增加方式	直接购入
使用状况	不需用	使用年限	13.5 年
折旧方法	平均年限法（一）	开始使用日期	2018-06-05
原值	474,500.00 元	累计折旧	82,563.00 元

（七）11月份管理费用资料

1—11月份管理费用累计发生额明细资料如表2-30所示。

表 2-30　1—11 月份管理费用累计发生额明细资料　　　　　　　　　　　　　　元

项目	行政科	财务科	技术科	设备科	后勤科	供应科	仓储科	合计
折旧费	204,185.30							204,185.30
职工薪酬	367,444.00	486,090.00	176,627.00	177,188.00	76,780.00	176,440.00	255,090.00	1,715,659.00
水电费	36,975.00	37,150.00	8,978.00	9,120.00	74,041.00	9,306.00	9,328.00	184,898.00
差旅费	1,799.00	2,708.00	840.00	913.00	455.00	977.00	1,358.00	9,050.00
办公费	11,000.00	6,100.00	4,350.00	4,050.00	3,800.00	10,700.00	2,000.00	42,000.00
业务招待费	11,840.00	1,660.00				3,400.00		16,900.00
修理费	3,925.00	1,957.00	2,010.00	1,960.00	5,686.00	1,940.00	2,100.00	19,578.00
保险费	686.00	700.00	604.00	710.00	1,340.00	650.00	2,010.00	6,700.00
无形资产摊销	5,885.00							5,885.00
其他费用	1,290.00	1,899.00	710.00	670.00	321.00	588.00	942.00	6,420.00
合计	645,029.30	538,264.00	194,119.00	194,611.00	162,423.00	204,001.00	272,828.00	2,211,275.30

四、12 月份产量记录

12 月份产量记录如表 2-31 所示。

表 2-31　12 月份产量记录　　　　　　　　　　　　　　台

车间	产品	月初在产品	本月投产	本月完工	月末在产品	投料 100%	施工 50%
铸造车间	P618 车床	10	30	40	0	0	0
	X240 车床	10	15	21	4	4	2
机加工车间	P618 车床	15	40	40	15	15	7.5
	X240 车床	8	21	26	3	3	1.5
装配车间	P618 车床	12	40	52	0	0	0
	X240 车床	10	26	36	0	0	0

五、会计信息化后辅助核算要求

公司拟从 2020 年 12 月 1 日起，进行会计信息化项目（具体目标和功能由实训任务来定）的试运行。为充分发挥会计信息化的优势，企业对信息化会计系统的辅助核算提出以下要求。

（1）对在途物资、原材料、库存商品、发出商品、周转材料科目有两种要求：

一是在部门级会计核算系统中（会计电算化实训，没有供应链模块），按各种存货种类设置明细科目并进行数量核算；二是在企业级财务业务一体化系统中（会计信息化实训，有供应链模块），设置存货核算。

（2）对应收账款、预收账款和应收票据科目设置客户往来辅助核算。

（3）对应付账款、预付账款和应付票据科目设置供应商往来辅助核算。

（4）交易性金融资产、债权投资科目设置项目核算。

（5）其他应收款科目中，应收单位款项明细科目设置客户往来辅助核算，应收个人款项明细科目设置个人往来明细科目，备用金明细科目设置部门核算。

（6）其他应付款科目中，应付单位款项明细科目设置供应商往来辅助核算。

（7）生产成本设置基本生产成本、辅助生产成本二级明细科目。

基本生产成本二级明细科目按照成本项目设置直接材料、直接人工、制造费用三级明细科目，进行部门、项目辅助核算；设置产品成本归集分配三级明细科目，进行项目辅助核算。

辅助生产成本二级明细科目按照成本费用项目设置外购材料、外购动力、职工薪酬、折旧费、水电费、劳保费、办公费、修理费、其他费用三级明细科目，进行部门核算。

（8）制造费用科目按照费用项目设置折旧费、职工薪酬、水电费、劳保费、办公费、修理费、机物料消耗、其他费用二级明细科目，进行部门辅助核算。

（9）管理费用及明细科目设置部门核算。

本章附图目录

图 2-1　企业营业执照 ·· 8
图 2-2　生产工艺流程 ·· 9
图 2-3　材料核算程序 ·· 13
图 2-4　生产费用归集和成本计算程序 ······································ 14
图 2-5　购销合同（XS2020112501） ·· 25
图 2-6　购销合同（CG2020112101） ······································· 26
图 2-7　购销合同（CG2020112301） ······································· 27
图 2-8　购销合同（CG2020112701） ······································· 28
图 2-9　采购发票（11月27日，天津宏泰） ···························· 28

本章附表目录

表 2-1　企业组织机构设置 ·· 8
表 2-2　会计岗位设置及人员分工 ·· 10
表 2-3　薪资标准 ··· 10
表 2-4　四险一金计提比例 ·· 11
表 2-5　现有客户资料 ·· 11
表 2-6　现有供应商资料 ·· 12
表 2-7　单位产品材料消耗定额 ·· 14
表 2-8　单位产品工时定额 ·· 14
表 2-9　一般科目表及期初余额 ·· 15
表 2-10　损益类科目的本年累计发生额 ··································· 22
表 2-11　应收票据 ··· 24
表 2-12　应收账款 ··· 24
表 2-13　预收账款 ··· 24
表 2-14　其他应收款——应收职工款项 ··································· 24
表 2-15　"其他应收款——备用金"部门期初余额 ····················· 24
表 2-16　应付票据 ··· 24
表 2-17　应付账款——一般应付款 ·· 24
表 2-18　应付账款——暂估应付款 ·· 24
表 2-19　预付账款 ··· 25
表 2-20　其他应付款——应付单位款项 ··································· 25
表 2-21　期初采购入库单 ·· 27
表 2-22　原材料（材料库） ·· 29
表 2-23　周转材料（材料库） ·· 29
表 2-24　库存商品 ··· 29
表 2-25　生产成本——基本生产成本 ······································ 29
表 2-26　本年工资标准 ·· 30
表 2-27　11月份工资计算表 ·· 31

表 2-28　固定资产 …………………………………………………………………… 33
表 2-29　固定资产卡片 ………………………………………………………………… 34
表 2-30　1—11 月份管理费用累计发生额明细资料 ………………………………… 39
表 2-31　12 月份产量记录 ……………………………………………………………… 39

第三章 系统初始化方案

会计信息系统的初始化是将企业手工会计系统转化为信息化（或电算化）会计系统的过程，其实质是企业按照其实施会计信息化的特定目标及具体要求，将其基础资料、管理规则和期初数据录入通用会计软件以构建该企业专用信息化（或电算化）会计系统的过程。在系统初始化的各项设置中，具体的设置内容，体现了企业特定的管理规则和业务状况。系统初始化的质量在很大程度上决定着企业会计信息系统的应用效果。

系统初始化方案是企业按照计划有效构建信息化会计系统的技术文件，具有很强的针对性。一般包括三部分内容：新建账套、静态数据录入、动态数据录入。

新建账套是在系统中设置企业名称、账套文件及基本工作方式，完成系统使用前期的登录控制和数据控制，完成对系统操作组与实际组织架构权限的控制与设置。新建账套主要包括录入公司信息、录入用户信息、授予用户权限、设置系统参数。系统参数是企业管理规则在会计信息系统中的呈现方式，决定了系统的运行流程、业务模式、数据流向等，设定后不能随意变更。

静态数据录入也称基础信息设置（或基础档案设置），是按照管理逻辑在系统各业务模块中依次录入公司的各种基本信息数据，主要包括录入公司信息、录入仓库信息、录入部门信息、录入员工姓名及职务类别、录入付款条件、设置编码原则、录入供应商和客户分类、录入物料编码名称及其辅助属性、录入凭证附属信息、录入币别、录入结算方式、录入辅助核算项目、录入各级会计科目并设置核算要求等。

动态数据录入也称期初数据录入，是通过各子系统的期初业务数据的录入，完成手工会计系统与信息化会计系统的衔接。动态数据录入主要包括在进销存模块中录入初始库存、初始暂估外购入库单、初始未核销销售出库单；在应收应付系统中录入初始增值税发票、初始普通发票、初始其他应收单、初始预收单、初始应收票据、初始应收合同、初始坏账、初始其他应付单、初始预付单、初始应付票据、初始应付合同；在总账系统中录入初始科目余额、初始现金流量；在固定资产系统中录入初始固定资产卡片；在现金管理子系统中录入初始现金余额、未达账项。

动态数据录入完毕后做期初数据平衡验收，之后系统初始化结束，开始日常业务处理。

上述三类信息与数据的设置相互关联。首先，通过新建账套在软件系统中完成企业用户注册，建立起基本的应用控制；其次，录入最该公司的静态数据（基础信息），即在该公司账套中建立本企业的业务运营规则及组织原则，完成各业务模块基础数据的设置，从而搭建起属于本企业专用的信息化会计系统；最后，录入该企业的动态数据（初始数据），在搭建完成企业框架后，进行企业期初开账，即期初数据的录入，进而完成系统初始化的全部工作，完成手工会计系统向信息化会计系统的转换。

系统初始化方案的具体内容取决于采用的会计软件以及启用哪些模块，还取决于具体核算要求。在课时充足和层次更高的会计信息化实训中，可以要求学生依据第二章中的企业基础资料，针对实训教学中指定的会计软件编写系统初始化方案，这能使学生从管理者的角度掌握信息化会计系统的构建过程，更好地理解信息化会计系统的应用思路。

下面以采用用友 U8（V10.1 以上版本都可参考应用）进行企业级业财一体化实训（60 学时）为例，给出《昌博车床有限责任公司用友 U8 业财一体化系统初始化方案》的内容。

一、新建账套

（一）建账信息

1. 账套信息

账套号：（用实训分组的编号）。

账套名称：昌博车床有限责任公司（+组号）。

启用会计期：2020 年 12 月。

【实训说明】启用会计期中的年份可以根据实训要求修改为 2020 年以后的任意年份。修改后，案例资料中的有关业务年份也需进行平行修改。

2. 单位信息

单位名称：昌博车床有限责任公司。

单位简称：昌博。

单位地址：江山市开平区昌博路 10 号。

法人代表：王义国。

税号：130203723351146。

电话：2810366。

3. 核算类型

本币代码：RMB。

本币名称：人民币。

企业类型：工业。

行业性质：2007 年新会计制度科目。

按行业性质预置科目。

4. 基础信息

存货有分类。

客户、供应商不分类。

有外币核算。

5. 编码方案

科目编码方案：4-2-2-2。

部门编码方案：1-2。

收发类别编码方案：1-2。

其余编码级次用默认值。

6. 数据精度设置

取系统默认值。

7. 系统启用

本系统启用以下九个子系统：总账、应收款管理、应付款管理、固定资产、薪资管理、销售管理、采购管理、库存管理、存货核算。

启用日期均为2020年12月1日。

（二）用户及权限

根据企业加强内部控制中权限管理的要求，结合现有财务人员和业务管理人员的情况，进行用户设置及权限分配，如表3-1所示。

【实训说明】 实训中为了便于识别，可在下列人员后面加上学生本人的后三位学号，如：王自康202。

表3-1 用户设置及权限分配

编码	姓名	类型	部门	权限分工
A01	王自康	普通	财务科	账套主管（信息化基础工作）
W01	王力	普通	财务科	"总账"系统中的凭证审核、凭证查询、对账与结账；编制UFO报表
W02	李晓玲	普通	财务科	"总账"填制、查询凭证，记账，常用凭证、账表、期末处理；"应收款管理"和"应付款管理"系统中除收（付）款单填制、销售定金转出、选择收（付）款和票据管理之外的所有权限
W03	冯玉敏	普通	财务科	"应收款管理"和"应付款管理"系统中的收（付）款单填制、销售定金转出、选择收（付）款和票据管理权限；"总账"系统中的出纳签字及出纳的所有权限
W04	王俊	普通	财务科	"固定资产"和"薪资管理"系统中的所有权限
W05	高贵	普通	财务科	"存货核算"系统中的所有权限
G01	王功英	普通	供应科	"采购管理"系统中所有权限
X01	刘晓寿	普通	销售科	"销售管理"系统中所有权限
C01	孔祥军	普通	仓储科	"库存管理"系统中所有权限

二、静态信息设置

（一）基础设置

1. 机构人员

（1）部门档案。根据管理要求，将企业部门划分为管理部、供销部、生产部、物流部四个部，部下设科，如表3-2所示。

表3-2 部门档案

部门编码	部门名称	部门属性	部门编码	部门名称	部门属性
1	管理部	管理部门	3	生产部	生产管理
101	行政科	综合管理	301	铸造车间	生产管理
102	财务科	财务管理	302	机加工车间	生产管理
103	技术科	技术管理	303	装配车间	生产管理
104	设备科	设备管理	304	机修车间	生产管理
105	后勤科	后勤管理	305	配电车间	生产管理
2	供销部	供销管理	4	物流部	物流管理
201	销售科	市场管理	401	仓储科	库房管理
202	供应科	采购管理			

（2）人员类别。根据公司管理需要，在正式工（101）的类别下增加若干人员类别，如表3-3所示。

表3-3 人员类别

类别编码	类别名称	类别编码	类别名称
1011	企业管理人员	1014	车间管理人员
1012	采购人员	1015	生产人员
1013	销售人员		

（3）人员档案。公司现有人员档案如表3-4所示。

表3-4 公司现有人员档案

人员编码	人员姓名	性别	部门名称	雇佣状态	人员类别	业务员	操作员
001	王义国	男	行政科	在职	企业管理人员	是	
002	崔达	男	行政科	在职	企业管理人员	是	
003	王健	男	行政科	在职	企业管理人员	是	
004	尚文	男	行政科	在职	企业管理人员	是	
005	王自康	男	行政科	在职	企业管理人员	是	是
006	王力	男	行政科	在职	企业管理人员	是	是
007	李晓玲	女	财务科	在职	企业管理人员	是	是
008	冯玉敏	女	财务科	在职	企业管理人员	是	是
009	王俊	男	财务科	在职	企业管理人员	是	是
010	高贵	男	财务科	在职	企业管理人员	是	是
011	张圭发	男	供应科	在职	采购人员	是	是
012	王功英	女	供应科	在职	采购人员	是	是

续表

人员编码	人员姓名	性别	部门名称	雇佣状态	人员类别	业务员	操作员
013	王强	男	销售科	在职	销售人员	是	
014	刘晓寿	男		在职	销售人员	是	是
015	张宏涛	男	技术科	在职	企业管理人员	是	
016	张吉书	男		在职	企业管理人员	是	
017	宋华文	男	设备科	在职	企业管理人员	是	
018	李舍贝	女		在职	企业管理人员	是	
019	李洪亮	男		在职	企业管理人员	是	
020	孔祥军	男	仓储科	在职	企业管理人员	是	是
021	王博	男		在职	企业管理人员	是	
022	王平	男	后勤科	在职	企业管理人员	是	
023	王军辉	男		在职	车间管理人员	是	
024	王小刚	男		在职	生产人员	是	
025	殷旭	男	铸造车间	在职	生产人员	是	
026	项俊	男		在职	生产人员	是	
027	赵钢	男		在职	生产人员	是	
028	高华强	男		在职	生产人员	是	
029	李刚	男		在职	生产人员	是	
030	魏刚	男		在职	车间管理人员	是	
031	王波	男	机加工车间	在职	生产人员	是	
032	李立风	女		在职	生产人员	是	
033	杨旭	男		在职	生产人员	是	
034	姜文	男		在职	生产人员	是	
035	周浩	男		在职	车间管理人员	是	
036	杨欢	女		在职	生产人员	是	
037	贾力	男	装配车间	在职	生产人员	是	
038	刘海峰	男		在职	生产人员	是	
039	李娜	女		在职	生产人员	是	
040	王文丽	女		在职	车间管理人员	是	
041	宋林广	男	机修车间	在职	生产人员	是	
042	江雪	女		在职	生产人员	是	

续表

人员编码	人员姓名	性别	部门名称	雇佣状态	人员类别	业务员	操作员
043	张春风	女	配电车间	在职	车间管理人员	是	
044	冯殿功	男		在职	生产人员	是	
045	万佩典	女		在职	生产人员	是	

以上人员档案"生效日期"为2020年12月1日,"业务或费用部门"与其所在行政部门相同。银行为"中国工商银行",账号为"62220804030006332××"（账号最后两位"××"为其人员编码的最后两位）。

2. 客商信息

公司现有客户档案如表3-5所示。

表3-5　公司现有客户档案

编码	客户名称	简称	地址	纳税人登记号	开户银行	银行账号
001	广州市新南机电设备有限公司	新南机电	广州市新南路22号	91176575535455825T	工商银行新南路支行	1963198900000601638
002	江山市永裕机床经销公司	永裕机床	江山市永乐路98号	91213546565776892Q	工商银行永乐路支行	2379831000000763281
003	沈阳市华天机电公司	华天机电	沈阳市华天路51号	91001501021032576W	工商银行华天路支行	2100630000000869137
004	瓦房店市舜成轴承厂	舜成轴承	瓦房店市舜成路6号	91210219683554611T	工商银行舜成路支行	1235256000000680930
005	江山市北江电机公司	北江电机	江山市永乐路28号	91004253214467366E	工商银行永乐路支行	2379429100000407714

公司现有供应商档案如表3-6所示。

表3-6　公司现有供应商档案

编码	客户名称	简称	地址	纳税人登记号	开户银行	银行账号
001	本溪市轧钢厂	本溪轧钢	本溪市西轧路42号	91210324723352156T	工商银行西轧路支行	4635778300000223980
002	江山市前江轴承厂	前江轴承	江山市昌博路97号	91164465737785445Y	工商银行昌博路支行	2379605300000329836
003	天津市宏泰轴承厂	宏泰轴承	天津市宏泰路56号	91120102103256621R	工商银行宏泰路支行	1963236900000184653
004	衡水市通用仪器厂	通用仪器	衡水市衡通路15号	91042532144673661E	工商银行衡通路支行	5134147500000123150

续表

编码	客户名称	简称	地址	纳税人登记号	开户银行	银行账号
005	上海市申特带钢厂	申特带钢	上海市申特路73号	910436577787779899G	工商银行申特路支行	3108668100000894748
006	瓦房店市舜成轴承厂	舜成轴承	瓦房店市舜成路6号	91210219683554611T	工商银行舜成路支行	1235256000000680930
007	江山市永裕机床经销公司	永裕机床	江山市永乐路98号	91213546565776892Q	工商银行永乐路支行	2379831000000763281

3. 存货

（1）存货分类。存货分类如表3-7所示。

表3-7 存货分类

分类编码	分类名称	分类编码	分类名称
01	产成品	0203	外购半成品
02	原材料	03	周转材料
0201	原料及主要材料	04	应税劳务
0202	辅助材料		

（2）计量单位。计量单位如表3-8所示。

表3-8 计量单位

计量单位组编码	计量单位组名称	计量单位组类别	计量单位编码	计量单位名称
1	基本单位	无换算率	01	台
1	基本单位	无换算率	02	吨
1	基本单位	无换算率	03	套
1	基本单位	无换算率	04	个
1	基本单位	无换算率	05	千克
1	基本单位	无换算率	06	双
1	基本单位	无换算率	07	副
1	基本单位	无换算率	08	盒
1	基本单位	无换算率	09	把
1	基本单位	无换算率	10	千米

（3）存货档案。存货档案如表3-9所示。

表3-9 存货档案

存货编码	存货名称	计量单位	税率	存货属性
0101	P618车床	台	13%	内销、外销、自制
0102	X240车床	台	13%	内销、外销、自制

续表

存货编码	存货名称	计量单位	税率	存货属性
020101	生铁	吨	13%	内销、外购、生产耗用
020102	圆钢	吨	13%	内销、外购、生产耗用
020201	油漆	千克	13%	内销、外购、生产耗用
020202	润滑油	千克	13%	内销、外购、生产耗用
020301	电机-Y123M	台	13%	内销、外购、生产耗用
020302	电机-AOB25	台	13%	内销、外购、生产耗用
020303	轴承-D318	套	13%	内销、外购、生产耗用
020304	轴承-D462	套	13%	内销、外购、生产耗用
020305	标准件-R55	套	13%	内销、外购、生产耗用
0301	包装箱	个	13%	内销、外购、生产耗用
0302	工作服	套	13%	内销、外购、生产耗用
0303	劳保鞋	双	13%	内销、外购、生产耗用
0304	耐热手套	副	13%	内销、外购、生产耗用
0305	勾扳手	个	13%	内销、外购、生产耗用
0306	法兰盘	个	13%	内销、外购、生产耗用
0307	螺钉	盒	13%	内销、外购、生产耗用
0308	专用配件	个	13%	内销、外购、生产耗用
0401	运输费	千米	9%	内销、外购、应税劳务

4. 财务

（1）会计科目。会计科目在系统预置科目表的基础上，根据企业核算需要进行明细科目设置。

【实训说明】为了方便初始设置，此处只将有变动的以及有期初数据的会计科目整理出来。且根据会计科目期初数据的情况将会计科目分在两张表中列示。表3-10列示损益类以外的一般科目及其期初余额，表3-11列示损益类科目及其本年累计发生额。

表3-10　一般科目及其期初余额　　　　　　　　　　　　　　　　　　　　　　元

科目编码	科目名称	方向	辅助核算	期初余额
1001	库存现金	借	现金科目；日记账	7,450.00
1002	银行存款	借	银行科目；日记账；银行账	1,257,830.97
100201	中国工商银行	借	银行科目；日记账；银行账	1,137,430.97
10020101	开平支行	借	银行科目；日记账；银行账	1,137,430.97
100202	中国银行	借	银行科目；日记账；银行账	120,400.00
10020201	开平支行	借	银行科目；日记账；银行账	120,400.00

续表

科目编码	科目名称	方向	辅助核算	期初余额
1002020101	人民币	借	银行科目；日记账；银行账	55,400.00
1002020102	美元	借	$10,000；银行科目；日记账；银行账	65,000.00
1012	其他货币资金	借		80,000.00
101201	外埠存款	借		
101202	银行汇票	借		
101203	存出投资款	借		80,000.00
1101	交易性金融资产	借	项目核算	76,500.00
110101	成本	借	3,000股；项目核算	76,500.00
110102	公允价值变动	借	项目核算	
1121	应收票据	借		79,200.00
112101	商业承兑汇票	借	客户往来；受控于应收系统	
112102	银行承兑汇票	借	客户往来；受控于应收系统	79,200.00
1122	应收账款	借	客户往来；受控于应收系统	800,000.00
1123	预付账款	借	供应商往来；受控于应付系统	265,500.00
1221	其他应收款	借		12,900.00
122101	应收单位款项	借	客户往来（注意：不受控）	
122102	应收个人款项	借	个人往来	11,500.00
122103	备用金	借	部门核算	1,400.00
1402	在途物资	借	受控于存货核算系统	17,550.00
1403	原材料	借	受控于存货核算系统	470,000.00
1405	库存商品	借	受控于存货核算系统	6,694,384.74
1406	发出商品	借	受控于存货核算系统	
1411	周转材料	借	受控于存货核算系统	185,593.00
1501	债权投资	借	项目核算	230,000.00
150101	成本	借	230份；项目核算	230,000.00
150102	利息调整	借	项目核算	
150103	应计利息	借	项目核算	
1502	债权投资减值准备	贷		
1503	其他权益工具投资	借		
1601	固定资产	借		12,500,000.00
1602	累计折旧	贷		3,200,000.00
1603	固定资产减值准备	贷		68,000.00

续表

科目编码	科目名称	方向	辅助核算	期初余额
1604	在建工程	借		67,000.00
160401	锅炉	借		67,000.00
1701	无形资产	借		64,200.00
170101	专利权	借	分120期摊销	28,200.00
170102	专有技术	借	分120期摊销	36,000.00
1702	累计摊销	贷		11,835.00
1901	待处理财产损溢	借		
190101	待处理流动财产损溢	借		
190102	待处理固定财产损溢	借		
2001	短期借款	贷		1,560,000.00
200101	光太兴隆信托有限责任公司	贷	年利率4.35%	1,560,000.00
2201	应付票据	贷		40,000.00
220101	商业承兑汇票	贷	供应商往来；受控于应付系统	40,000.00
220102	银行承兑汇票	贷	供应商往来；受控于应付系统	
2202	应付账款	贷		1,008,500.00
220201	一般应付款	贷	供应商往来；受控于应付系统	963,700.00
220202	暂估应付款	贷	供应商往来（注意：不受控)	44,800.00
2203	预收账款	贷	客户往来；受控于应收系统	159,000.00
2211	应付职工薪酬	贷		296,920.45
221101	工资、奖金、津贴和补贴	贷		207,080.75
221102	职工福利费	贷		
221103	非货币性福利	贷		
221104	社会保险费	贷		18,678.75
22110401	基本医疗保险费	贷		17,433.50
22110402	工伤保险费	贷		1,245.25
221105	住房公积金	贷		24,905.00
221106	工会经费和职工教育经费	贷		5,162.70
22110601	工会经费	贷		5,162.70
22110602	职工教育经费	贷		
221107	带薪缺勤	贷		
221108	利润分享计划	贷		
221109	设定提存计划	贷		41,093.25

续表

科目编码	科目名称	方向	辅助核算	期初余额
22110901	基本养老保险费	贷		39,848.00
22110902	失业保险费	贷		1,245.25
221110	设定受益计划义务	贷		
221111	辞退福利	贷		
2221	应交税费	贷		127,299.02
222101	应交增值税	贷		
22210101	进项税额	贷		
22210102	销项税额抵减	贷		
22210103	已交税金	贷		
22210104	减免税款	贷		
22210105	出口抵减内销产品应纳税额	贷		
22210106	转出未交增值税	贷		
22210107	销项税额	贷		
22210108	出口退税	贷		
22210109	进项税额转出	贷		
22210110	转出多交增值税	贷		
222102	未交增值税	贷		59,209.09
222103	预交增值税	贷		
222104	待抵扣进项税额	贷		
222105	待认证进项税额	贷		
222106	待转销项税额	贷		
222107	增值税留抵税额	贷		
222108	简易计税	贷		
222109	转让金融商品应交增值税	贷		
222110	代扣代交增值税	贷		
222111	应交消费税	贷		
222113	应交企业所得税	贷		60,984.84
222114	应交土地增值税	贷		
222115	应交城市维护建设税	贷		4,144.64
222116	应交城镇房产税	贷		
222117	应交城镇土地使用税	贷		
222119	应交车船税	贷		

续表

科目编码	科目名称	方向	辅助核算	期初余额
222120	应交房产税	贷		
222121	应交教育费附加	贷		1,776.27
222122	应交地方教育费附加	贷		1,184.18
222123	应交个人所得税	贷		
2231	应付利息	贷		13,427.34
2241	其他应付款	贷		129,055.25
224101	应付单位款项	贷	供应商往来（注意：不受控）	78,000.00
224102	应付个人款项	贷		
224103	代扣职工三险一金	贷		51,055.25
22410301	代扣职工医疗保险	贷		4,981.00
22410302	代扣职工养老保险	贷		19,924.00
22410303	代扣职工失业保险	贷		1,245.25
22410304	代扣住房公积金	贷		24,905.00
2501	长期借款	贷		1,464,800.00
250101	中国工商银行开平支行	贷	年利率5.5%	1,464,800.00
2901	递延所得税负债	贷		
4001	实收资本	贷		10,000,000.00
4002	资本公积	贷		
400201	资本溢价	贷		
400202	其他资本公积	贷		
4101	盈余公积	贷		1,452,860.98
410101	法定盈余公积	贷		1,452,860.98
410102	任意盈余公积	贷		
4103	本年利润	贷		1,677,139.02
4104	利润分配	贷		2,180,000.00
410401	提取法定盈余公积	贷		
410402	提取任意盈余公积	贷		
410403	应付现金股利或利润	贷		
410404	盈余公积补亏	贷		
410409	未分配利润	贷		2,180,000.00
5001	生产成本	借		580,728.35
500101	基本生产成本	借	部门核算；项目核算	580,728.35

续表

科目编码	科目名称	方向	辅助核算	期初余额
50010101	直接材料	借	部门核算；项目核算	501,500.00
50010102	直接人工	借	部门核算；项目核算	15,841.75
50010103	制造费用	借	部门核算；项目核算	63,386.60
50010199	产品成本归集分配	借	项目核算	
500102	辅助生产成本	借	部门核算	
50010201	外购材料	借	部门核算	
50010202	外购动力	借	部门核算	
50010203	职工薪酬	借	部门核算	
50010204	折旧费	借	部门核算	
50010205	水电费	借	部门核算	
50010206	劳保费	借	部门核算	
50010207	办公费	借	部门核算	
50010208	修理费	借	部门核算	
50010299	其他费用	借	部门核算	
5101	制造费用	借	部门核算	
510101	折旧费	借	部门核算	
510102	职工薪酬	借	部门核算	
510103	水电费	借	部门核算	
510104	劳保费	借	部门核算	
510105	办公费	借	部门核算	
510106	修理费	借	部门核算	
510107	机物料消耗	借	部门核算	
510199	其他费用	借	部门核算	

表3-11 损益类科目及其本年累计发生额　　　　　　　　　　　　　　　　元

科目编码	科目名称	方向	核算说明	借方累计	贷方累计
6001	主营业务收入	贷		12,800,000.00	12,800,000.00
6051	其他业务收入	贷		291,600.00	291,600.00
6111	投资收益	贷		9,800.00	9,800.00
6301	营业外收入	贷		1,200.00	1,200.00
630101	盘盈利得	贷			
630102	捐赠利得	贷			
630103	债务重组利得	贷			

续表

科目编码	科目名称	方向	核算说明	借方累计	贷方累计
630104	非流动资产毁损报废收益	贷			
630105	罚款收入	贷		1,200.00	1,200.00
6401	主营业务成本	借		7,790,000.00	7,790,000.00
6402	其他业务成本	借		211,500.00	211,500.00
6403	税金及附加	借		71,050.90	71,050.90
6601	销售费用	借		442,258.00	442,258.00
660101	折旧费	借			
660102	职工薪酬	借		175,516.00	175,516.00
660103	水电费	借		2,320.00	2,320.00
660104	差旅费	借		20,780.00	20,780.00
660105	办公费	借		4,820.00	4,820.00
660106	业务招待费	借		70,800.00	70,800.00
660107	修理费	借		502.00	502.00
660108	运输费	借		63,720.00	63,720.00
660109	广告宣传费	借		102,600.00	102,600.00
660199	其他费用	借		1,200.00	1,200.00
6602	管理费用	借		2,211,275.30	2,211,275.30
660201	折旧费	借	部门核算	204,185.30	204,185.30
660202	职工薪酬	借	部门核算	1,715,659.00	1,715,659.00
660203	水电费	借	部门核算	184,898.00	184,898.00
660204	差旅费	借	部门核算	9,050.00	9,050.00
660205	办公费	借	部门核算	42,000.00	42,000.00
660206	业务招待费	借	部门核算	16,900.00	16,900.00
660207	修理费	借	部门核算	19,578.00	19,578.00
660208	保险费	借	部门核算	6,700.00	6,700.00
660209	无形资产摊销	借	部门核算	5,885.00	5,885.00
660299	其他费用	借	部门核算	6,420.00	6,420.00
6603	财务费用	借		191,400.00	191,400.00
660301	利息支出	借		190,800.00	190,800.00
660302	汇兑损益	借			
660303	手工费及工本费	借		600.00	600.00
660304	现金折扣	借			

续表

科目编码	科目名称	方向	核算说明	借方累计	贷方累计
660305	票据贴现	借			
660399	其他费用	借			
6701	资产减值损失	借			
6702	信用减值损失	借			
6711	营业外支出	借		20,000.00	20,000.00
671101	盘亏损失	借			
671102	公益性捐赠支出	借		10,000.00	10,000.00
671103	债务重组损失	借			
671104	非流动资产毁损报废损失	借			
671105	非常损失	借			
671106	罚款支出	借		10,000.00	10,000.00
6801	所得税费用	借		559,027.68	559,027.68
680101	当期所得税费用	借		559,027.68	559,027.68
680102	递延所得税费用	借			

（2）凭证类别。凭证类别如表3-12所示。

表3-12 凭证类别

凭证类别	限制类型	限制科目
收款凭证	借方必有	1001, 1002
付款凭证	贷方必有	1001, 1002
转账凭证	凭证必无	1001, 1002

（3）外币设置。币代码：USD。币名称：美元。固定汇率：6.50000。折算方式：外币×汇率=本位币。

（4）项目目录。项目目录如表3-13所示。

表3-13 项目目录

项目大类	项目分类	项目目录	核算科目
产品	1 车床	11 P618 车床 12 X240 车床 13 共同耗用	500101；50010101；50010102；50010103；50010199
金融资产	1 股票	11 科创股份	1101；110101；110102；1501；150101；150102；150103
	2 债券	21 大唐国际公司债券	

5. 收付结算

(1) 结算方式。结算方式如表 3-14 所示。

表 3-14 结算方式

结算方式编码	结算方式名称	结算方式编码	结算方式名称
1	现金结算	401	商业承兑汇票
2	支票结算	402	银行承兑汇票
201	现金支票	5	电汇
202	转账支票	6	委托收款
3	托收承付	7	其他
4	汇票结算		

(2) 付款条件。付款条件如表 3-15 所示。

表 3-15 付款条件

付款条件编码	信用天数	优惠天数	优惠率	优惠天数	优惠率	优惠天数	优惠率
1	30	10	4	20	2	30	0
2	30	10	2	20	1	30	0

(3) 银行档案。将"01 中国工商银行"（用友 U8 中自带的档案编码，下同）的企业账户及个人账户规则设置为"定长"，账号长度：19。将"00002 中国银行"的企业账户及个人账户规则设置为"定长"，账号长度：12。

(4) 本单位开户银行。本单位开户银行如表 3-16 所示。

表 3-16 本单位开户银行

编码	银行账号	银行账户	开户银行	币种	所属银行
1	0403123409000056708	昌博车床有限责任公司	中国工商银行开平支行	人民币	中国工商银行
2	601312345678	昌博车床有限责任公司	中国银行开平支行（BKCH；104124000540）	人民币	中国银行
3	601356781234	昌博车床有限责任公司	中国银行开平支行（BKCH；104124000540）	美元	中国银行

6. 业务

(1) 仓库档案。仓库档案如表 3-17 所示。

表 3-17 仓库档案

仓库编码	仓库名称	计价方式	仓库属性	备注
1	1 号成品库	全月平均法	普通仓	（默认）
2	2 号成品库	全月平均法	普通仓	（默认）
3	材料库	全月平均法	普通仓	（默认）
4	固定资产库	个别计价法	普通仓	资产仓

(2) 收发类别。收发类别如表 3-18 所示。

表 3-18　收发类别

一级类别	收发标志	二级类别
1 入库	收	101 采购入库
		102 产成品入库
		103 盘盈入库
		119 其他入库
2 出库	发	201 材料领用
		202 销售出库
		203 盘亏出库
		204 分期收款销售出库
		205 委托代销出库
		219 其他出库

(3) 采购类型和销售类型。采购类型和销售类型如表 3-19 所示。

表 3-19　采购类型和销售类型

采购类型			销售类型		
采购类型编码	采购类型名称	入库类别	销售类型编码	销售类型名称	出库类别
01	普通采购	采购入库	01	普通销售	销售出库
			02	分期收款销售	分期收款销售出库
			03	委托代销	委托代销出库

(4) 费用项目分类及费用项目。费用项目分类及费用项目如表 3-20 所示。

表 3-20　费用项目分类及费用项目

费用项目分类	费用项目
1 日常费用	1 运输费
	2 委托代销手续费

(5) 非合理损耗类型。非合理损耗类型如表 3-21 所示。

表 3-21　非合理损耗类型

编码	非合理损耗类型名称	是否默认值
1	运输部门责任	否
2	保险公司责任	否
3	员工个人责任	否

7. 单据编号设置

将销售专用发票、销售普通发票、销售调拨单、采购专用发票、采购普通发票、采购运费发票的编码方式设置为"完全手工编号"。

将销售发货单、采购到货单、采购订单、其他入库单、销售出库单、采购入库单、调拨单、调拨申请单的编号方式设置为"手工改动,重号时自动重取"。

8. 数据权限控制设置

取消对所有"记录级"和"字段级"业务对象的权限控制。

(二) 各系统的选项设置

根据企业管理需要,逐项修改各系统【设置】或【初始设置】中的选项参数,如表3-22所示。表中未涉及的内容应保持系统默认的选项。

表 3-22　各系统选项参数

系统	选项卡	按下列内容修改参数设置,其余保持系统默认选项
总账	凭证	自动填补凭证断号
	权限	出纳凭证必须经由出纳签字
	其他	部门、个人及项目的排序方式均为"按编码排序"
应收款管理	常规	单据审核日期依据:单据日期 坏账处理方式:应收余额百分比法 自动计算现金折扣
	凭证	受控科目制单方式:明细到单据 销售科目依据:按存货分类
应付款管理	常规	单据审核日期依据:单据日期 自动计算现金折扣
	凭证	受控科目制单方式:明细到单据 采购科目依据:按存货分类
固定资产	建账过程	启用月份:2020年12月 用平均年限法(一)计提折旧 当"月初已提月份=可使用月份-1"时,要求将剩余折旧全部提足 固定资产类别编码方式为 2-1-1-2 固定资产编码方式:手工输入 卡片序号长度为 4 与财务系统进行对账并设置对账科目:1601 固定资产;1602 累计折旧
	与财务系统接口	固定资产缺省入账科目:1601 固定资产 累计折旧缺省入账科目:1602 累计折旧 减值准备缺省入账科目:1603 固定资产减值准备 增值税进项税额缺省入账科目:22210101 进项税额 固定资产清理缺省入账科目:1606 固定资产清理
	其他	卡片金额型数据显示千分位格式
薪资管理	建账过程	单个工资类别,不核算计件工资,从工资中代扣个人所得税,不扣零,其他参数采用系统默认值
销售管理	业务控制	有委托代销业务 有分期收款业务

续表

系统	选项卡	按下列内容修改参数设置，其余保持系统默认选项
采购管理	公共及参照控制	单据默认税率：13%
库存管理	通用设置	勾选"修改现存量时点"下所有的"……审核时改现存量"选项 库存生成销售出库单
存货核算	核算方式	销售成本核算方式：销售出库单 委托代销成本的核算方式：按发出商品核算

（三）各系统的初始设置

1. 总账系统

根据企业核算需要，在总账系统中进行自定义转账设置，如表3-23所示。

表3-23 自定义转账设置

序号	摘要	科目编码	方向	金额公式
0001	计提长期借款利息	660301	借	QM（2501，月）*0.055/12
		2231	贷	JG（）
0002	计提本月应交未交增值税	22210106	借	QM（222101，月）
		222102	贷	JG（）
0003	计提应交城市维护建设税、教育附加费、地方教育附加费	6403	借	JG（）
		222115	贷	FS（222102，月，贷）*0.07
		222121	贷	FS（222102，月，贷）*0.03
		222122	贷	FS（222102，月，贷）*0.02
0004	计提本月企业所得税	680101	借	(FS（4103，月，贷）-FS（4103，月，借）)*0.25
		222113	贷	JG（）
0005	计提法定盈余公积金	410401	借	QM（4103，月）*0.1
		410101	贷	JG（）
0006	向投资者分配利润	410403	借	QM（4103，月）*0.3
		2232	贷	JG（）
0007	结转本年实现的净利润	4103	借	QM（4103，月）
		410409	贷	JG（）
0008	结转利润分配明细科目	410409	借	JG（）
		410401	贷	FS（410401，月，借）
		410403	贷	FS（410403，月，借）

注：金额公式栏中的×（乘号），在系统输入时用*（星号）代替。本书表格中的乘号同此说明。

2. 固定资产

固定资产系统的初始设置包括三项内容：部门对应折旧科目、资产类别、增减方式。

(1) 部门对应折旧科目。部门对应折旧科目如表3-24所示。

表3-24 部门对应折旧科目

部门编码	部门名称	折旧科目	部门编码	部门名称	折旧科目
1	管理部		3	生产部	
101	行政科	660201	301	铸造车间	510101
102	财务科	660201	302	机加工车间	510101
103	技术科	660201	303	装配车间	510101
104	设备科	660201	304	机修车间	50010204
105	后勤科	660201	305	配电车间	50010204
2	供销部		4	物流部	
201	销售科	660101	401	仓储科	660201
202	供应科	660201			

(2) 资产类别。固定资产类别如表3-25所示。

表3-25 固定资产类别

类别编码	类别名称	使用年限/月	净残值率	计提属性	折旧方法	卡片样式
01	房屋及建筑物	120	4.0%	正常计提	平均年限法（一）	含税卡片样式
02	机器设备	78	6.4%	正常计提	平均年限法（一）	含税卡片样式
03	其他	162	2.8%	正常计提	平均年限法（一）	含税卡片样式

(3) 增减方式。固定资产增减方式如表3-26所示。

表3-26 固定资产增减方式

增加方式	对应入账科目	减少方式	对应入账科目
直接购入	10020101 开平支行	出售	1606 固定资产清理
投资者投入	4001 实收资本	盘亏	190102 待处理固定资产损溢
捐赠	630102 捐赠利得	投资转出	1606 固定资产清理
盘盈	6901 以前年度损益调整	捐赠转出	1606 固定资产清理
在建工程转入	160401 锅炉	报废	1606 固定资产清理
		毁损	1606 固定资产清理

3. 薪资管理

薪资管理系统的初始设置包括五项内容：人员档案、工资项目、工资项目的计算公式、扣税设置、工资分摊。

(1) 人员档案。设置人员附加信息，增加"职务"项，参照档案：总经理、科长、员工。

采用"批增"方式将基础档案中的人员档案引入当前工资类别的人员档案，随后补充完善员工的职务信息。

(2) 工资项目。按照表3-27设置工资项目，增加其中的自定义项目。

表 3-27 工资项目设置

工资项目名称	类型	长度	小数	增减项	说明
基本工资	数字	10	2	增项	自定义项
综合奖	数字	10	2	增项	自定义项
津贴	数字	10	2	增项	自定义项
交补	数字	10	2	增项	自定义项
应发合计	数字	10	2	增项	系统固定项目
请假天数	数字	10	2	其他	自定义项
请假扣款	数字	10	2	减项	自定义项
四险一金缴费基数	数字	10	2	其他	自定义项
个人养老保险	数字	10	2	减项	自定义项
个人医疗保险	数字	10	2	减项	自定义项
个人失业保险	数字	10	2	减项	自定义项
个人住房公积金	数字	10	2	减项	自定义项
上月累计预扣预缴税额	数字	10	2	减项	自定义项
代扣税	数字	10	2	减项	系统固定项目
企业养老保险	数字	10	2	其他	自定义项
企业医疗保险	数字	10	2	其他	自定义项
企业失业保险	数字	10	2	其他	自定义项
企业工伤保险	数字	10	2	其他	自定义项
企业住房公积金	数字	10	2	其他	自定义项
应付工资	数字	10	2	其他	自定义项
累计应付工资	数字	10	2	其他	自定义项
上月累计应付工资	数字	10	2	其他	自定义项
累计减除费用	数字	10	2	其他	自定义项
累计专项附加扣除	数字	10	2	其他	自定义项
累计预扣预缴应纳税所得额	数字	10	2	其他	自定义项
年终奖	数字	10	2	其他	系统固定项目
年终奖代扣税	数字	10	2	其他	系统固定项目
工资代扣税	数字	10	2	其他	系统固定项目
扣税合计	数字	10	2	其他	系统固定项目
扣款合计	数字	10	2	减项	系统固定项目
实发合计	数字	10	2	增项	系统固定项目

注：增减项中的"其他"在系统中为"其它"。

(3) 工资项目的计算公式。工资项目的计算公式（部分）如表3-28所示。

表3-28 工资项目的计算公式（部分）

序号	工资项目	公式定义
1	基本工资	iff（人员.职务="总经理",5000,iff（人员.职务="科长",4200,3800））
2	津贴	iff（人员.职务="总经理",800,iff（人员.职务="科长",750,0））
3	交补	iff（人员.职务="总经理",300,iff（人员.职务="科长",200,80））
4	应发合计	基本工资+综合奖+津贴+交补
5	请假扣款	基本工资/30×0.3×请假天数
6	个人养老保险	四险一金缴费基数×0.08
7	个人医疗保险	四险一金缴费基数×0.02
8	个人失业保险	四险一金缴费基数×0.005
9	个人住房公积金	四险一金缴费基数×0.1
10	企业养老保险	四险一金缴费基数×0.16
11	企业医疗保险	四险一金缴费基数×0.07
12	企业失业保险	四险一金缴费基数×0.005
13	企业工伤保险	四险一金缴费基数×0.005
14	企业住房公积金	四险一金缴费基数×0.1
15	应付工资	基本工资+综合奖+津贴+交补-请假扣款
16	累计应付工资	上月累计应付工资+应付工资
17	累计减除费用	month（）×5000
18	累计专项附加扣除	month（）×2000
19	累计预扣预缴应纳税所得额	累计应付工资-累计减除费用-（个人养老保险+个人医疗保险+个人失业保险+个人住房公积金）×month（）-累计专项附加扣除
20	扣款合计	请假扣款+个人养老保险+个人医疗保险+个人失业保险+个人住房公积金+上月累计预扣预缴税额+代扣税
21	实发合计	应发合计-扣款合计

需要注意的是，由于该企业没有启用"成本管理"系统，因此系统不能依照总账系统中"生产成本"科目按产品项目核算的要求将共同性物料费用和人工费用直接分配到产品项目的生产成本中去。需要按下面方法调整处理：在产品项目中加一个"共同耗用"，工资费用分配时先分配到这个项目，生成凭证后先手工修改（用"插分"方式），按照规定标准分配到实际产品（P618车床和X240车床）中去，然后再保存凭证。

(4) 扣税设置。在薪资管理选项的扣税设置中，按照累计预扣法将征税依据设置为"累计预扣预缴应纳税所得额"工资项，将税率表中的"基数"设置为"0"、"附加费用"设置为"0"。将"个人所得税申报表——税率表"中的"计算公式→代扣税"调整为预扣率表，如表3-29所示。

表3-29 个人所得税预扣率表

级数	累计预扣预缴应纳税所得额	预扣率/%	速算扣除数/元
1	不超过36,000元的部分	3	0
2	超过36,000元至144,000元的部分	10	2,520
3	超过144,000元至300,000元的部分	20	16,920
4	超过300,000元至420,000元的部分	25	31,920
5	超过420,000元至660,000元的部分	30	52,920
6	超过660,000元至960,000元的部分	35	85,920
7	超过960,000元的部分	45	181,920

注：以上税率适用于居民个人工资、薪金所得的预扣预缴。

（5）工资分摊。工资分摊设置包括四项内容，分别是：计提工资费用的分摊类型，如表3-30所示；预扣个人所得税的分摊类型，如表3-31所示；代扣职工个人负担的三险一金的分摊类型，如表3-32所示；计提企业负担的四险一金的分摊类型，如表3-33所示。

表3-30 计提工资费用的分摊类型（分摊计提比例：100%）

部门名称	人员类别	工资项目	借方科目	借方项目	贷方科目
行政科，财务科，技术科，设备科，后勤科，仓储科	企业管理人员	应付工资	660202		221101
供应科	采购人员	应付工资	660202		221101
销售科	销售人员	应付工资	660102		221101
机修，配电	管理人员	应付工资	50010203		221101
铸造，机加工，装配	管理人员	应付工资	510102		221101
铸造，机加工，装配	生产人员	应付工资	50010102	产品——共同耗用	221101
机修，配电	生产人员	应付工资	50010203		221101

表3-31 预扣个人所得税的分摊类型（分摊计提比例：100%）

部门名称	人员类别	工资项目	借方科目	贷方科目
行政科，财务科，技术科，设备科，后勤科，仓储科	企业管理人员	代扣税	221101	222123
行政科，财务科，技术科，设备科，后勤科，仓储科	企业管理人员	上月累计预扣预缴税款	221101	222123
供应科	采购人员	代扣税	221101	222123
供应科	采购人员	上月累计预扣预缴税款	221101	222123
销售科	销售人员	代扣税	221101	222123

续表

部门名称	人员类别	工资项目	借方科目	贷方科目
销售科	销售人员	上月累计预扣预缴税款	221101	222123
铸造，机加工，装配，机修，配电	管理人员	代扣税	221101	222123
铸造，机加工，装配，机修，配电	管理人员	上月累计预扣预缴税款	221101	222123
铸造，机加工，装配，机修，配电	生产人员	代扣税	221101	222123
铸造，机加工，装配，机修，配电	生产人员	上月累计预扣预缴税款	221101	222123

表 3-32　代扣职工个人负担的三险一金的分摊类型（分摊计提比例：100%）

部门名称	人员类别	工资项目	借方科目	贷方科目
行政科，财务科，技术科，设备科，后勤科，仓储科	企业管理人员	个人养老保险	221101	22410302
行政科，财务科，技术科，设备科，后勤科，仓储科	企业管理人员	个人医疗保险	221101	22410301
行政科，财务科，技术科，设备科，后勤科，仓储科	企业管理人员	个人失业保险	221101	22410303
行政科，财务科，技术科，设备科，后勤科，仓储科	企业管理人员	个人住房公积金	221101	2410304
供应科	采购人员	个人养老保险	221101	22410302
供应科	采购人员	个人医疗保险	221101	22410301
供应科	采购人员	个人失业保险	221101	22410303
供应科	采购人员	个人住房公积金	221101	2410304
销售科	销售人员	个人养老保险	221101	22410302
销售科	销售人员	个人医疗保险	221101	22410301
销售科	销售人员	个人失业保险	221101	22410303
销售科	销售人员	个人住房公积金	221101	2410304
铸造，机加工，装配，机修，配电	管理人员	个人养老保险	221101	22410302
铸造，机加工，装配，机修，配电	管理人员	个人医疗保险	221101	22410301
铸造，机加工，装配，机修，配电	管理人员	个人失业保险	221101	22410303
铸造，机加工，装配，机修，配电	管理人员	个人住房公积金	221101	2410304
铸造，机加工，装配，机修，配电	生产人员	个人养老保险	221101	22410302
铸造，机加工，装配，机修，配电	生产人员	个人医疗保险	221101	22410301
铸造，机加工，装配，机修，配电	生产人员	个人失业保险	221101	22410303
铸造，机加工，装配，机修，配电	生产人员	个人住房公积金	221101	2410304

表 3-33 计提企业负担的四险一金的分摊类型（分摊计提比例：100%）

部门名称	人员类别	工资项目	借方科目	借方项目	贷方科目
行政科，财务科，技术科，设备科，后勤科，仓储科	企业管理人员	企业养老保险	660202		22110901
行政科，财务科，技术科，设备科，后勤科，仓储科	企业管理人员	企业医疗保险	660202		22110401
行政科，财务科，技术科，设备科，后勤科，仓储科	企业管理人员	企业失业保险	660202		22110902
行政科，财务科，技术科，设备科，后勤科，仓储科	企业管理人员	企业工伤保险	660202		22110402
行政科，财务科，技术科，设备科，后勤科，仓储科	企业管理人员	企业住房公积金	660202		221105
供应科	采购人员	企业养老保险	660202		22110901
供应科	采购人员	企业医疗保险	660202		22110401
供应科	采购人员	企业失业保险	660202		22110902
供应科	采购人员	企业工伤保险	660202		22110402
供应科	采购人员	企业住房公积金	660202		221105
销售科	销售人员	企业养老保险	660102		22110901
销售科	销售人员	企业医疗保险	660102		22110401
销售科	销售人员	企业失业保险	660102		22110902
销售科	销售人员	企业工伤保险	660102		22110402
销售科	销售人员	企业住房公积金	660102		221105
铸造，机加工，装配	管理人员	企业养老保险	510102		22110901
铸造，机加工，装配	管理人员	企业医疗保险	510102		22110401
铸造，机加工，装配	管理人员	企业失业保险	510102		22110902
铸造，机加工，装配	管理人员	企业工伤保险	510102		22110402
铸造，机加工，装配	管理人员	企业住房公积金	510102		221105
机修，配电	管理人员	企业养老保险	50010203		22110901
机修，配电	管理人员	企业医疗保险	50010203		22110401
机修，配电	管理人员	企业失业保险	50010203		22110902
机修，配电	管理人员	企业工伤保险	50010203		22110402
机修，配电	管理人员	企业住房公积金	50010203		221105
铸造，机加工，装配	生产人员	企业养老保险	50010102	产品——共同耗用	22110901
铸造，机加工，装配	生产人员	企业医疗保险	50010102	产品——共同耗用	22110401
铸造，机加工，装配	生产人员	企业失业保险	50010102	产品——共同耗用	22110902

续表

部门名称	人员类别	工资项目	借方科目	借方项目	贷方科目
铸造，机加工，装配	生产人员	企业工伤保险	50010102	产品——共同耗用	22110402
铸造，机加工，装配	生产人员	企业住房公积金	50010102	产品——共同耗用	221105
机修，配电	生产人员	企业养老保险	50010203		22110901
机修，配电	生产人员	企业医疗保险	50010203		22110401
机修，配电	生产人员	企业失业保险	50010203		22110902
机修，配电	生产人员	企业工伤保险	50010203		22110402
机修，配电	生产人员	企业住房公积金	50010203		221105

4. 应收款管理

应收款管理系统的初始设置包括五项内容：基本科目设置、控制科目设置、产品科目设置、结算方式科目设置、坏账准备设置。

（1）基本科目设置。应收账款基本科目设置如表3-34所示。

表3-34 应收账款基本科目设置

基础科目种类	科目	币种
应收科目	1122	人民币
预收科目	2203	人民币
商业承兑科目	112101	人民币
银行承兑科目	112102	人民币
票据利息科目	660301	人民币
票据费用科目	660305	人民币
收支费用科目	660105	人民币
现金折扣科目	660304	人民币
税金科目	22210107	人民币
销售收入科目	6001	人民币
销售退回科目	6001	人民币

（2）控制科目设置。应收账款控制科目设置如表3-35所示。

表3-35 应收账款控制科目设置

客户编码	客户简称	应收科目	预收科目
001	新南机电	1122	2203
002	永裕机床	1122	2203
003	华天机电	1122	2203
004	舜成轴承	1122	2203
005	北江电机	1122	2203

(3) 产品科目设置。应收账款产品科目设置如表3-36所示。

表3-36 应收账款产品科目设置

类别编码	类别名称	销售收入科目	应交增值税科目	销售退回科目	税率
01	产成品	6001	22210107	6001	13%
02	原材料	6051	22210109	6051	13%
03	周转材料	6051	22210109	6051	13%

(4) 结算方式科目设置。应收账款结算方式科目设置如表3-37所示。

表3-37 应收账款结算方式科目设置

结算方式	币种	本单位账号	科目
1 现金结算	人民币	0403123409000056708	1001
201 现金支票	人民币	0403123409000056708	10020101
202 转账支票	人民币	0403123409000056708	10020101
202 转账支票	人民币	601312345678	1002020101
202 转账支票	美元	601356781234	1002020102
3 托收承付	人民币	0403123409000056708	10020101
5 电汇	人民币	0403123409000056708	10020101
5 电汇	人民币	601312345678	1002020101
5 电汇	美元	601356781234	1002020102
6 委托收款	人民币	0403123409000056708	10020101
7 其他	人民币	0403123409000056708	10020101

(5) 坏账准备设置。坏账准备设置如表3-38所示。

表3-38 坏账准备设置

提取比率	坏账准备期初余额	坏账准备科目	对方科目
0.5%	0	1231 坏账准备	6702 信用减值损失

5. 应付款管理

应付款管理系统的初始设置包括四项内容：基本科目设置、控制科目设置、产品科目设置、结算方式科目设置。

(1) 基本科目设置。应付账款基本科目设置如表3-39所示。

表3-39 应付账款基本科目设置

基础科目种类	科目	币种
应付科目	220201	人民币
预付科目	1123	人民币
采购科目	1402	人民币
税金科目	22210101	人民币

续表

基础科目种类	科目	币种
商业承兑科目	220101	人民币
银行承兑科目	220102	人民币
票据利息科目	660301	人民币
现金折扣科目	660304	人民币
固定资产采购科目	1601	人民币

（2）控制科目设置。应付账款控制科目设置如表3-40所示。

表3-40　应付账款控制科目设置

供应商编码	供应商简称	应付科目	预付科目
001	本溪轧钢	220201	1123
002	前江轴承	220201	1123
003	宏泰轴承	220201	1123
004	通用仪器	220201	1123
005	申特带钢	220201	1123
006	舜成轴承	220201	1123
007	永裕机床	220201	1123

（3）产品科目设置。应付账款产品科目设置如表3-41所示。

表3-41　应付账款产品科目设置

类别编码	类别名称	采购科目	产品采购税金科目	税率
01	原材料	1402	22210101	13%
02	周转材料	1402	22210101	13%

（4）结算方式科目设置。应付账款结算方式科目设置如表3-42所示。

表3-42　应付账款结算方式科目设置

结算方式	币种	本单位账号	科目
1 现金结算	人民币	0403123409000056708	1001
201 现金支票	人民币	0403123409000056708	10020101
202 转账支票	人民币	0403123409000056708	10020101
202 转账支票	人民币	601312345678	1002020101
202 转账支票	美元	601356781234	1002020102
3 托收承付	人民币	0403123409000056708	10020101
5 电汇	人民币	0403123409000056708	10020101
5 电汇	人民币	601312345678	1002020101
5 电汇	美元	601356781234	1002020102

续表

结算方式	币种	本单位账号	科目
6 委托收款	人民币	0403123409000056708	10020101
7 其他	人民币	0403123409000056708	10020101

6. 存货核算系统

存货核算系统的初始设置包括三项内容：存货科目、对方科目、跌价准备设置。

（1）存货科目。存货核算存货科目设置如表3-43所示。

表3-43 存货核算存货科目设置

存货分类	存货科目	分期收款发出商品科目	委托代销发出商品科目
01 产成品	1405 库存商品	1406 发出商品	1406 发出商品
02 原材料	1403 原材料		
03 周转材料	1411 周转材料		

（2）对方科目。存货核算对方科目设置如表3-44所示。

表3-44 存货核算对方科目设置

收发类别	存货分类	对方科目	暂估科目
101 采购入库		1402 在途物资	220202 暂估应付款
102 产成品入库		50010199 产品成本归集分配	
103 盘盈入库		190101 待处理流动资产损溢	
201 材料领用		50010101 直接材料	
202 销售出库	01 产成品	6401 主营业务成本	
202 销售出库	02 原材料	6402 其他业务成本	
202 销售出库	03 周转材料	6402 其他业务成本	
203 盘亏出库		190101 待处理流动资产损溢	
204 分期收款销售出库		6401 主营业务成本	
205 委托代销出库		6401 主营业务成本	

（3）跌价准备设置。存货核算跌价准备设置如表3-45所示。

表3-45 存货核算跌价准备设置

存货分类编码	存货分类名称	跌价准备科目	计提费用科目
01	产成品	1471 存货跌价准备	6701 资产减值损失
02	原材料	1471 存货跌价准备	6701 资产减值损失
03	周转材料	1471 存货跌价准备	6701 资产减值损失

三、初始动态数据

业财一体化系统的初始化工作中，录入各系统的初始数据是有顺序要求的。

总账系统录入期初数据时，有从应收应付系统中引入往来明细的功能，因此，先录入应收应付系统的初始数据，便于总账系统直接引用，以减轻录入工作量。

固定资产有与总账系统对账的要求，因此应晚于总账。

工资系统有工资核算的基础数据，跟其他系统联系不大，可放到最后。

系统提供了库存管理与存货核算之间互相取数和对账的功能，因此，库存和存货核算录入的初始数据无所谓孰先孰后，后录入的可以从先录入的系统中取数，并与其对账。

综上，本方案按照以下顺序进行初始数据的录入：第一批录入销售管理、采购管理；第二批录入库存管理、存货管理；第三批录入应收款管理、应付款管理；第四批录入总账；第五批录入固定资产管理、薪资管理。以上步骤，同一批内无先后顺序要求。

（一）销售管理期初数据

未完成的购销业务是指截止到上月末，购销业务已经开始进入执行阶段（开发票或发出货物），但因为某种原因，发票与货物未能钩稽。因此，仅仅依据合同预付货款，则不属于"未完成购销业务"，不用在"采购"或"销售"系统中作为期初业务。

销售管理期初数据是指截止到系统启用日期未完成的销售活动，在系统中表现为录入期初的销售发货单。期初发货单是指建账日之前已经发货、出库，尚未开发票的业务，包括普通销售、分期收款的发货单，以及委托代销发货单。本月在开具销售发票时，可以参照期初发货单生成发票。

本系统截至 12 月 1 日（系统启用日期）有一笔未完成的销售活动：11 月 25 日，销售员刘晓寿与沈阳市华天机电公司签订销售合同（合同编号：XS2020112501），销售 P618 车床 3 台，含税单价 66,250 元。11 月 28 日收到对方预付货款 159,000 元。11 月 30 日销售科向对方发出 P618 车床 3 台，发货单内容如表 3-46 所示。与对方约定 12 月初开发票。

表 3-46　期初发货单

发货日期	业务类型	销售类型	客户简称	仓库	存货	数量/台	含税单价/元	含税金额/元
2020-11-30	普通销售	普通销售	华天机电	1号成品库	P618 车床	3	66,250	198,750

根据该笔业务录入期初发货单，录入完毕后进行审核。

（二）采购管理期初数据

采购管理期初数据是指截止到系统启用日期未完成的采购活动。生产加工企业的采购管理系统的期初数据仅限于两类：一是期初暂估入库单，即在启用系统时，没有取得供货单位的采购发票，而不能进行采购结算的入库单，在此通过暂估价输入系统，以便取得发票后进行采购结算；二是期初在途存货，即在启用系统时，已取得供货单位的采购发票，但货物没有入库，而不能进行采购结算的发票，在此输入系统，以便货物入库，填制入库单后进行采购结算。

本系统截至 12 月 1 日（系统启用日期）有两笔未完成的采购活动。

第一笔，11 月 23 日，采购员张圭发与江山市前江轴承厂签订材料采购合同（合同编号：CG2020112301），采购轴承-D318, 200 套，含税单价 395.50 元；轴承-D462, 200 套，含税单价 253.12 元，共计 129,724 元，预付货款 115,500 元。11 月 30 日收到前江轴承厂发来轴承-D462 共计 200 套，全部验收合格并已入库。期初采购入库单如表 3-47 所示。因供应商原因尚未开具发票，这批货月末按合同约定的不含税价 224 元一套进行暂估入账处理。（默认单到回冲。）

表 3-47 期初采购入库单

入库日期	仓库	供货单位	业务类型	采购类型	入库类别	存货	数量/套	无税单价/元	无税金额/元
2020-11-30	材料库	前江轴承	普通采购	普通采购	采购入库	轴承-D462	200	224	44,800

第二笔，11 月 27 日，采购员张圭发与天津宏泰签订材料采购合同（合同编号：CG2020112701），购入轴承-D318，330 套，含税单价 390 元。发票已于当日开出，已计入期初应付账款。11 月底前已验收入库 285 套，尚有 45 套在途。期初专用采购发票（在途物资）如表 3-48 所示。

表 3-48 期初专用采购发票（在途物资）

业务类型	发票号	开票日期	供应商	采购类型	存货	数量/套	含税金额/元
普通采购	42001604	2020-11-27	宏泰轴承	普通采购	轴承-D318	45	17,550

根据该笔业务录入期初采购入库单，完毕后进行采购期初记账。

（三）库存管理期初结存

库存管理系统的期初结存就是启用库存管理系统前各仓库结存的存货数据，如表 3-49 所示。产成品的入库类别都是"产成品入库"，部门为"装配车间"；原材料和周转材料的入库类别都是"采购入库"，部门为"采购部"。

表 3-49 期初存货

仓库	存货	规格型号	单位	数量	单价/元	金额/元
1 号成品库	P618 车床	P618	台	113	30,117.36	3,403,261.44
2 号成品库	X240 车床	X240	台	179	18,386.16	3,291,123.30
材料库	生铁		吨	10	2,955.00	29,550.00
材料库	圆钢		吨	10	5,200.00	52,000.00
材料库	油漆		千克	85	11.00	935.00
材料库	润滑油		千克	55	39.00	2,145.00
材料库	电机	Y123M	台	50	1,500.00	75,000.00
材料库	电机	AOB25	台	50	500.00	25,000.00
材料库	轴承	D318	套	330	350.00	115,500.00
材料库	轴承	D462	套	255	224.00	57,120.00
材料库	标准件	R55	套	55	2,050.00	112,750.00
材料库	包装箱		个	220	260.00	57,200.00
材料库	工作服		套	120	145.00	17,400.00

续表

仓库	存货	规格型号	单位	数量	单价/元	金额/元
材料库	劳保鞋		双	120	48.00	5,760.00
材料库	耐热手套		副	130	9.00	1,170.00
材料库	勾扳手		个	50	6.00	300.00
材料库	法兰盘		个	101	23.00	2,323.00
材料库	螺钉		盒	100	34.40	3,440.00
材料库	专用配件		个	350	280.00	98,000.00

期初结存录入完毕，进行审核，待存货核算系统的初始数据录入完毕后，与之对账。

（四）存货核算期初数据

存货系统从库存管理系统中取得期初余额，与库存管理系统对账后，执行期初记账。

（五）应收款管理期初余额

应收款管理系统期初余额包括三项内容：期初应收票据、期初应收账款（销售专用发票）、期初预收账款，分别如表3-50、表3-51、表3-52所示。业务员为刘晓寿。

表3-50 期初应收票据

单据	开票单位	承兑银行	票据面值/元	科目	签发日期	收到日期	到期日
银行承兑汇票12001010	江山市北江电机公司	工商银行	79,200	112102	2020-9-20	2020-11-25	2020-12-20

表3-51 期初应收账款（销售专用发票）　　　　　　　　　　　元

开票日期	发票号	客户	商品	数量	含税单价	价税合计
2020-11-20	32001030	广州市新南机电设备有限公司	P618 车床	13 台	40,000	520,000
2020-11-22	32001037	江山市永裕机床经销公司	P618 车床	4 台	40,000	160,000
2020-11-22	32001038	瓦房店市舜成轴承厂	X240 车床	4 台	30,000	120,000

表3-52 期初预收账款

日期	客户	结算方式	金额/元	票号	部门	业务员
2020-11-28	沈阳市华天机电公司	电汇	159,000	56632091	销售科	刘晓寿

录入完毕，待总账系统的初始数据录入完毕后，与总账系统进行期初对账。

（六）应付系统初始设置

应付款管理系统期初余额包括三项内容：期初应付票据、期初应付账款（采购专用发票）、期初预付账款，分别如表3-53、表3-54、表3-55所示。业务员为王功英。

表3-53 期初应付票据　　　　　　　　　　　　　　　　　　　元

单据	收票单位	科目	票据面值	票据余额	签发日期	到期日
商业承兑汇票22101473	天津市宏泰轴承厂	220101	40,000	40,000	2020-9-27	2020-12-27

表 3-54　期初应付账款（采购专用发票）

开票日期	发票	供应商	商品	数量	价税合计/元
2020-11-27	12001301	天津市宏泰轴承厂	D318 轴承	330 台	128,700
2020-11-28	22001402	衡水市通用仪器厂	Y123M 电机	400 台	549,000
2020-11-30	32001503	上海市申特带钢厂	圆钢	100 吨	286,000

表 3-55　期初预付账款

日期	供应商	结算方式	金额/元	票号	部门	业务员
2020-11-21	本溪市轧钢厂	电汇	150,000	27831428	供应科	王功英
2020-11-23	江山市前江轴承厂	电汇	115,500	32846201	供应科	王功英

录入完毕，待总账系统的初始数据录入完毕后，与总账系统进行期初对账。

（七）总账期初余额

总账系统的期初余额是指各级科目的期初数据，主要包括一般科目的期初余额和损益类科目的本年累计发生额，还包括期初往来业务的明细资料。

在录入期初往来业务的明细资料时，对于带"客户往来"和"供应商往来"辅助核算属性的科目，其往来明细账利用"引入"功能从应收应付系统的期初余额中引入过来，其他辅助核算属性的往来科目期初明细资料如表 3-56 ~ 表 3-58 所示。

【实训说明】凭证编号和业务员自行补全。

表 3-56　"其他应收款——应收职工款项"期初余额

单据	发生日期	借款人	借款事由	金额/元
借款单11012	2020-11-25	供应科 张圭发	出差借款	1,700
借款单11013	2020-11-28	行政科 王健	出差借款	9,800

表 3-57　期初其他应收款——备用金

单据	发生日期	借款人	借款事由	金额/元
借款单11005	2020-11-15	供应科	备用金	1,400

表 3-58　期初其他应付款——应付单位款项

单据	发生日期	借款人	借款事由	金额/元
收据10012	2020-11-30	江山市永裕机床经销公司	包装物押金	78,000

按产品项目核算的基本生产成本科目期初余额明细资料如表 3-59 所示。

表 3-59　基本生产成本科目期初余额明细资料　　　　元

车间	产品	直接材料	直接人工	制造费用	合计
铸造车间	P618 车床	33,600.00	2,050.80	8,125.00	43,775.80
	X240 车床	33,600.00	1,866.23	7,605.00	43,071.23
	合计	67,200.00	3,917.03	15,730.00	86,847.03

续表

车间	产品	直接材料	直接人工	制造费用	合计
机加工车间	P618车床	78,000.00	4,265.66	16,900.03	99,165.69
机加工车间	X240车床	31,200.00	1,914.08	7,800.02	40,914.10
机加工车间	合计	109,200.00	6,179.74	24,700.05	140,079.79
装配车间	P618车床	225,000.00	4,015.47	15,908.71	244,924.18
装配车间	X240车床	100,100.00	1,729.51	7,047.84	108,877.35
装配车间	合计	325,100.00	5,744.98	22,956.55	353,801.53
合计		501,500.00	15,841.75	63,386.60	580,728.35

按部门核算的管理费用科目1—11月份累计发生明细资料如表3-60所示。

表3-60 管理费用科目1—11月份累计发生明细资料　　　　　　　　元

项目	行政科	财务科	技术科	设备科	后勤科	供应科	仓储科	合计
折旧费	204,185.30							204,185.30
职工薪酬	367,444.00	486,090.00	176,627.00	177,188.00	76,780.00	176,440.00	255,090.00	1,715,659.00
水电费	36,975.00	37,150.00	8,978.00	9,120.00	74,041.00	9,306.00	9,328.00	184,898.00
差旅费	1,799.00	2,708.00	840.00	913.00	455.00	977.00	1,358.00	9,050.00
办公费	11,000.00	6,100.00	4,350.00	4,050.00	3,800.00	10,700.00	2,000.00	42,000.00
业务招待费	11,840.00	1,660.00				3,400.00		16,900.00
修理费	3,925.00	1,957.00	2,010.00	1,960.00	5,686.00	1,940.00	2,100.00	19,578.00
保险费	686.00	700.00	604.00	710.00	1,340.00	650.00	2,010.00	6,700.00
无形资产摊销	5,885.00							5,885.00
其他费用	1,290.00	1,899.00	710.00	670.00	321.00	588.00	942.00	6,420.00
合计	645,029.30	538,264.00	194,119.00	194,611.00	162,423.00	204,001.00	272,828.00	2,211,275.30

录入期初余额后,核对总账与辅助账、总账与明细账的期初余额,并进行试算平衡。

(八) 固定资产原始卡片

根据第二章"企业基础资料"中所给资料录入固定资产原始卡片,无特别说明之处保留系统默认值。录入完毕,与总账系统进行期初对账。

(九) 薪资管理基础数据

薪资管理系统基础数据如表3-61所示。

表3-61 薪资管理系统基础数据　　　　　　　　元

编码	姓名	部门	人员类别	基本工资	津贴	交补	四险一金缴费基数	累计应付工资
001	王义国	行政科	企业管理人员	5,000	800	300	7,500	85,000
002	崔达	行政科	企业管理人员	4,200	750	200	6,600	75,000
003	王健	行政科	企业管理人员	3,800		80	5,000	59,000

续表

编码	姓名	部门	人员类别	基本工资	津贴	交补	四险一金缴费基数	累计应付工资
004	尚文	行政科	企业管理人员	3,800		80	5,000	58,000
005	王自康	财务科	企业管理人员	4,200	750	200	6,800	75,000
006	王力	财务科	企业管理人员	3,800		80	5,300	58,000
007	李晓玲	财务科	企业管理人员	3,800		80	5,000	58,800
008	冯玉敏	财务科	企业管理人员	3,800		80	5,000	58,000
009	王俊	财务科	企业管理人员	3,800		80	5,200	58,600
010	高贵	财务科	企业管理人员	3,800		80	5,000	58,000
011	张圭发	供应科	采购人员	4,200	750	200	6,500	75,000
012	王功英	供应科	采购人员	3,800		80	5,000	58,000
013	王强	销售科	销售人员	4,200	750	200	6,500	75,000
014	刘晓寿	销售科	销售人员	3,800		80	5,000	58,000
015	张宏涛	技术科	企业管理人员	4,200	750	200	6,500	75,000
016	张吉书	技术科	企业管理人员	3,800		80	5,050	58,800
017	宋华文	设备科	企业管理人员	4,200	750	200	6,700	75,000
018	李舍贝	设备科	企业管理人员	3,800		80	5,000	58,000
019	李洪亮	仓储科	企业管理人员	4,200	750	200	6,500	75,000
020	孔祥军	仓储科	企业管理人员	3,800		80	5,500	58,000
021	王博	仓储科	企业管理人员	3,800		80	5,000	58,000
022	王平	后勤科	企业管理人员	3,800		80	5,000	58,000
023	王军辉	铸造车间	车间管理人员	4,200	750	200	6,700	75,000
024	王小刚	铸造车间	生产人员	3,800		80	5,500	58,000
025	殷旭	铸造车间	生产人员	3,800		80	5,000	59,000
026	项俊	铸造车间	生产人员	3,800		80	5,400	58,000
027	赵钢	铸造车间	生产人员	3,800		80	5,100	58,000
028	高华强	铸造车间	生产人员	3,800		80	5,000	58,000
029	李刚	铸造车间	生产人员	3,800		80	5,000	58,000
030	魏刚	机加工车间	车间管理人员	4,200	750	200	6,500	75,000
031	王波	机加工车间	生产人员	3,800		80	5,000	59,000
032	李立风	机加工车间	生产人员	3,800		80	5,200	58,000
033	杨旭	机加工车间	生产人员	3,800		80	5,000	58,000
034	姜文	机加工车间	生产人员	3,800		80	5,000	58,000

续表

编码	姓名	部门	人员类别	基本工资	津贴	交补	四险一金缴费基数	累计应付工资
035	周浩	装配车间	车间管理人员	4,200	750	200	6,500	75,000
036	杨欢	装配车间	生产人员	3,800		80	5,000	58,000
037	贾力	装配车间	生产人员	3,800		80	5,000	58,000
038	刘海峰	装配车间	生产人员	3,800		80	5,000	58,000
039	李娜	装配车间	生产人员	3,800		80	5,000	58,000
040	王文丽	机修车间	车间管理人员	4,200	750	200	6,600	75,000
041	宋林广	机修车间	生产人员	3,800		80	5,000	58,000
042	江雪	机修车间	生产人员	3,800		80	5,200	58,800
043	张春风	配电车间	车间管理人员	4,200	750	200	6,700	75,000
044	冯殿功	配电车间	生产人员	3,800		80	5,000	58,000
045	万佩典	配电车间	生产人员	3,800		80	5,000	58,500
合计				177,000	9,800	5,260	249,050	2,847,500

表中"累计应付工资"的时间范围是本年1—11月份,所有人的"累计预扣预缴税款"(1—11月)都为"0"。

本章附表目录

表 3-1　用户设置及权限分配 ……………………………………………… 45
表 3-2　部门档案 …………………………………………………………… 46
表 3-3　人员类别 …………………………………………………………… 46
表 3-4　公司现有人员档案 ………………………………………………… 46
表 3-5　公司现有客户档案 ………………………………………………… 48
表 3-6　公司现有供应商档案 ……………………………………………… 48
表 3-7　存货分类 …………………………………………………………… 49
表 3-8　计量单位 …………………………………………………………… 49
表 3-9　存货档案 …………………………………………………………… 49
表 3-10　一般科目及其期初余额 …………………………………………… 50
表 3-11　损益类科目及其本年累计发生额 ………………………………… 55
表 3-12　凭证类别 …………………………………………………………… 57
表 3-13　项目目录 …………………………………………………………… 57
表 3-14　结算方式 …………………………………………………………… 58
表 3-15　付款条件 …………………………………………………………… 58
表 3-16　本单位开户银行 …………………………………………………… 58
表 3-17　仓库档案 …………………………………………………………… 58
表 3-18　收发类别 …………………………………………………………… 59
表 3-19　采购类型和销售类型 ……………………………………………… 59
表 3-20　费用项目分类及费用项目 ………………………………………… 59
表 3-21　非合理损耗类型 …………………………………………………… 59
表 3-22　各系统选项参数 …………………………………………………… 60
表 3-23　自定义转账设置 …………………………………………………… 61
表 3-24　部门对应折旧科目 ………………………………………………… 62
表 3-25　固定资产类别 ……………………………………………………… 62
表 3-26　固定资产增减方式 ………………………………………………… 62
表 3-27　工资项目设置 ……………………………………………………… 63
表 3-28　工资项目的计算公式（部分）…………………………………… 64
表 3-29　个人所得税预扣率表 ……………………………………………… 65
表 3-30　计提工资费用的分摊类型（分摊计提比例：100%）………… 65
表 3-31　预扣个人所得税的分摊类型（分摊计提比例：100%）……… 65
表 3-32　代扣职工个人负担的三险一金的分摊类型（分摊计提比例：100%）… 66
表 3-33　计提企业负担的四险一金的分摊类型（分摊计提比例：100%）… 67
表 3-34　应收账款基本科目设置 …………………………………………… 68
表 3-35　应收账款控制科目设置 …………………………………………… 68
表 3-36　应收账款产品科目设置 …………………………………………… 69
表 3-37　应收账款结算方式科目设置 ……………………………………… 69
表 3-38　坏账准备设置 ……………………………………………………… 69

表 3-39　应付账款基本科目设置 ………………………………………………………… 69
表 3-40　应付账款控制科目设置 ………………………………………………………… 70
表 3-41　应付账款产品科目设置 ………………………………………………………… 70
表 3-42　应付账款结算方式科目设置 …………………………………………………… 70
表 3-43　存货核算存货科目设置 ………………………………………………………… 71
表 3-44　存货核算对方科目设置 ………………………………………………………… 71
表 3-45　存货核算跌价准备设置 ………………………………………………………… 71
表 3-46　期初发货单 ……………………………………………………………………… 72
表 3-47　期初采购入库单 ………………………………………………………………… 73
表 3-48　期初专用采购发票（在途物资） ……………………………………………… 73
表 3-49　期初存货 ………………………………………………………………………… 73
表 3-50　期初应收票据 …………………………………………………………………… 74
表 3-51　期初应收账款（销售专用发票） ……………………………………………… 74
表 3-52　期初预收账款 …………………………………………………………………… 74
表 3-53　期初应付票据 …………………………………………………………………… 74
表 3-54　期初应付账款（采购专用发票） ……………………………………………… 75
表 3-55　期初预付账款 …………………………………………………………………… 75
表 3-56　"其他应收款——应收职工款项"期初余额 ………………………………… 75
表 3-57　期初其他应收款——备用金 …………………………………………………… 75
表 3-58　期初其他应付款——应付单位款项 …………………………………………… 75
表 3-59　基本生产成本科目期初余额明细资料 ………………………………………… 75
表 3-60　管理费用科目 1—11 月份累计发生明细资料 ………………………………… 76
表 3-61　薪资管理系统基础数据 ………………………………………………………… 76

第四章 业务单据

业务呈现的方式直接影响学生对业务的理解。在基于会计核算岗位视角的以编写会计分录为核心技能的基础会计教材中，多采用文字描述的方式来呈现业务。在基于多种操作岗位视角的以业务流程化处理为核心技能的会计信息化实训教材中，多采用仿真单据的方式呈现业务。但是在单据的选择上现有教材存在一些误区，如用"付款单"呈现付款业务，用"入库单"和"出库单"来呈现入、出库业务。

本书认为，基于会计信息化业务处理视角的业务是需要在会计系统中处理的业务，呈现业务的单据应该是系统之外的单据。因此会计信息化实训中用于呈现经济业务的单据应该符合业财一体化系统的内控要求和工作逻辑，相对于业财一体化系统来说属于"输入数据"或处于"业务起点"位置的系统外单据。这单据能够触发特定权限的操作员在业财一体化系统中进行业务数据的"录入"，按照业务处理流程，系统中相关岗位的操作员相继进行后续的一系列处理过程。基于以上认识，本书用"银行付款回单"来呈现付款业务，超过一定金额的付款业务还需要经过审批的"付款申请单"来佐证"银行付款回单"的合规性；用"货品签收单"和"发货通知单"分别作为入库、出库业务的呈现单据。

本章以贴近企业环境的最新发展且符合会计系统的内控要求和工作逻辑的194张写实单据呈现昌博机床有限责任公司在2020年12月份的96笔业务。单据按照"业务号-顺序号"的规则进行编码。其中第1~66笔是日常业务，都有相关单据。第67~96笔业务为期末业务，多数没有单据，因此，本章单据不能呈现全部业务。实训中要注意按照第五章"实训过程记录"中的"业务情景"结合本章所给单据逐笔完成处理。

为了加强研究性学习，本章单据呈现的经济业务，既有普通业务，也有特殊业务，如物物交换，会用到高级财务会计的知识。某些业务还可能与本期或以前期间的其他业务相关联。实训时学生要认真研究每笔业务中所给单据之间的内在逻辑，对照"实训过程记录"中所给"业务情景"提示，识别业务内容，梳理业务脉络。在此基础上，把复杂的业务流程分解为基本操作步骤，在系统中完成业务处理。

业务单据编号规则是"业务号+业务内单据顺序号"，如"单据002-03"是指第002业务中的第03张单据。昌博机床有限责任公司2020年12月具体有以下业务单据。

单据001-01：

河北增值税专用发票 NO24338367

013001900204
24338367

开票日期：2020年12月01日

购买方	名　称：	沈阳市华天机电公司					密码区	67/*+3*0/611*++0/+0*/*+3+2/9 *11*+66666**066611*+66666* 1**+216***6000*261*2*4/*547 203994+-42*64151*6915361/3*
	纳税人识别号：	91001501021032576W						
	地址、电话：	沈阳市华天路51号2223333						
	开户行及账号：	工商银行华天路支行21006300000000869137						

货物或应税劳务、服务名称	规格型号	单位	数量	单价	金额	税率	税额
*车床*P 618		台	3	58628.3186	175884.96	13%	22865.04
合　计					￥175884.96		￥22865.04

价税合计（大写）　◎壹拾玖万捌仟柒佰伍拾元整　　（小写）￥198750.00

销售方	名　称：	昌博机床有限责任公司		备注	
	纳税人识别号：	130203723351146			
	地址、电话：	江山市开平区昌博路10号2810366			
	开户行及账号：	中国工商银行开平支行0403123409000056708			

收款人：李晓玲　　复核：　　开票人：冯玉敏　　销售方：

单据002-01：

购销合同

供货单位（甲方）：本溪市大陆钢铁有限公司　　　　合同编号：CG2020120101
购货单位（乙方）：昌博车床有限责任公司

根据《中华人民共和国合同法》及国家相关法律、法规之规定，甲乙双方本着平等互利的原则，就乙方购买甲方产品一事达成如下协议。
一、产品名称、数量、价格

货物名称	规格型号	计量单位	数量	单价（不含税）元	金额（不含税）元	税率
生铁		吨	20	2,960.00	59,200.00	13%
合计金额	大写人民币 伍万玖仟贰佰整				59,200.00	13%

合同总金额（含税）：￥66,896.00元，大写人民币陆万陆仟捌佰玖拾陆元整。
二、货款结算
1、付款方式：　转账支票
2、甲方开户行：工商银行西轧路支行　　　　账号：4252130000000688062
3、合同生效后2日内，乙方预付货款10,000元，甲方收到预付款后5日内将全部货物送达乙方并开出增值税专用发票，
乙方收到发票后3日内付清货款。
三、发送方式及运费承担方式：卖方负责发货，买方承担运费。
四、违约责任
　　甲乙双方任何一方违约，违约方应按照国家有关法律、法规规定向守约方支付违约金；守约方有权向违约方追索由此引起的经济损失。
五、附则
本合同自双方签字、盖章之日起生效；本合同壹式贰份，甲乙双方各执壹份。

甲方（签章）：本溪市大陆钢铁有限公司　　　　　　　乙方（签章）：昌博车床有限责任公司
代表（签字）：江有龙　　　　　　　　　　　　　　　代表（签字）：王功英
　　地址：本溪市西轧路83号　　　　　　　　　　　　　　地址：江山市开平区昌博路10号
　　电话：33158688　　　　　　　　　　　　　　　　　电话：2810366
2020 年 12 月 1 日　　　　　　　　　　　　　　　　　2020 年 12 月 1 日

单据002-02：

付款申请书

2020 年 12 月 1 日

用途及情况	金 额									收款单位：本溪市大陆钢铁有限公司	
	仟	佰	拾	万	仟	佰	拾	元	角	分	账号：425213000000688062
购货款				¥	1	0	0	0	0	0	开户行：工商银行西轧路支行
金额（大写）合计： 壹万元整								电汇 ✓		汇票 □	转账 □
总经理 王义国	财务科				科长 王义康			申请部门		科长 张志发	
					会计 李晓玲					经办人 王功英	

单据002-03：

中国工商银行 网上银行电子回单

电子回单号码：3879-6502-9936-0232

付款人	户 名	昌博车床有限责任公司	收款人	户 名	本溪市大陆钢铁有限公司
	账 号	040312340900056708		账 号	425213000000688062
	开户银行	中国工商银行开平支行		开户银行	工商银行西轧路支行
金 额		人民币(大写)：壹万元整 ¥10,000.00元			
摘 要		往来款	业务（产品）种类		同行发报
用 途		生铁款			
交易流水号		45764984	时间戳		2020-12-01-10.54.59.322606
	备注：往来款 附言：往来款 支付交易序号： 38678697 报文种类：客户发起汇兑业务 委托日期：2020-12-01 业务类型(种类)：普通汇兑				
	验证码：	2QaNCONYn84F94AbHQ2xd2R4AWK=			
记账网点	00040300136		记账柜员	0023	记账日期 2020-12-01
					打印日期：2020-12-01

如需校验回单，请点击：回单校验
重要提示：本回单不作为收款方发货依据，并请勿重复记账

单据002-04：

中国工商银行 网上银行电子回单

电子回单号码：1764-3279-3725-4637

付款人	户名	昌博车床有限责任公司		收款人	户名	
	账号	0403123409000056708			账号	*********
	开户银行	中国工商银行开平支行			开户银行	中国工商银行股份有限公司开平支行
金额		人民币(大写)：伍元整 ￥5.00元				
摘要		支付手续费		业务(产品)种类		对公收费
用途						
交易流水号		15781358		时间戳		2020-12-01-9.19.14.433217
备注		附言：往来款 支付交易序号：85630012 报文种类：客户发起汇兑 业务 委托日期：2020-12-01 业务类型(种类)：普通汇兑 原发报金额：￥10,000.00元				
验证码		YH4m084D407G3TJRM04Xw95a25J=				
记账网点	00040300136	记账柜员	03477	记账日期		2020-12-01

如需校验回单，请点击：回单校验　　　　　　　　　　　　　打印日期：2020-12-01

重要提示：本回单不作为收款方发货依据，并请勿重复记账

单据003-01：

13001900204
364847851112

河北增值税专用发票 NO22882801

13001900204
364847851112

开票日期：2020年12月1日

购买方	名称：	昌博车床有限责任公司				密码区	2611**+66666**066611*+66666* 60/*+3*0/611*+-0/+0*/*+3+2/9 21**+216***6000*261*2*4/*547 3203994+-42*64151*6915361/3*
	纳税人识别号：	130203723351146					
	地址、电话：	江山市开平区昌博路10号2810366					
	开户行及账号：	中国工商银行开平支行0403123409000056708					

货物或应税劳务、服务名称	规格型号	单位	数量	单价	金额	税率	税额
*文具*文件框		个	20	19.912	398.24	13%	51.77
*文具*书写笔		个	60	7.2566	435.40	13%	56.6
*文具*记事本		个	30	13.097	392.91	13%	51.08
合　计					￥1226.55		￥159.45

价税合计(大写)：◎壹仟叁佰捌拾陆元整　　　(小写)　￥1386.00

销售方	名称：	江山市永乐百货有限公司
	纳税人识别号：	91130203883535134F
	地址、电话：	江山市永乐路86号2815588
	开户行及账号：	工商银行永乐路支行2379156900000781123

收款人：温婉清　复核：冯志刚　开票人：吴丽君　销售方：章

单据 003-02：

收款收据

2020 年 12 月 2 日　　　　　　No 0001

今收到　供应科
请退剩余备用金

金额（大写）佰拾万仟捌佰壹拾肆元零角零分

¥：14.00元

核准 王月廉　会计 李晓玲　记账　出纳 冯玉敏　经手人 王功英

单据 003-03：

借款单

2020 年 12 月 2 日　资金性质：备用金

部门	供应科	借款人	王功英
借款理由	领用备用金		现金付讫
金额	大写：伍仟元整	小写：¥5,000元	
领导批示：	王义国	财务主管	王月廉
部门主管 张嘉发	出纳 冯玉敏	领款人签收：	王功英

单据 004-01：

021001900302
438647052211

辽宁增值税专用发票　NO11780133

021001900302
438647052211

开票日期：2020年12月2日

购买方	名称	昌博车床有限责任公司	密码区	216**+61166**066611*+66666* 60/*+3*0/611*+-641*/*+3+2/9 21**+*+66**6000*261*2*4/*547 2203994+-42*06651*6915361/3*
	纳税人识别号	130203723351146		
	地址、电话	江山市开平区昌博路10号2810366		
	开户行及账号	中国工商银行开平支行0403123409000056708		

货物或应税劳务、服务名称	规格型号	单位	数量	单价	金额	税率	税额
*钢材*圆钢		吨	25	5200	130000.00	13%	16900
合　计					¥ 130000		¥ 16900
价税合计（大写）	⊗壹拾肆万陆仟玖佰元整				（小写）¥ 146900.00		

销售方	名称	本溪市轧钢厂
	纳税人识别号	91210324723352156T
	地址、电话	本溪市西轧路42号3314662
	开户行及账号	工商银行西轧路支行4635778300000223980

收款人：　复核：刘安培　开票人：赵静　销售方：章

单据004-02：

辽宁增值税专用发票

021001900217　　　　　　　　　　　　　　　　　N025563481　　　　　　　021001900217
625348592536　　　　　　　　　　　　　　　　　　　　　　　　　　　　　625348592536

开票日期：2020年12月1日

购买方	名称	昌博车床有限责任公司	密码区	94+3+3*0/611*++0/+0*/*3+2/9 66**061*11*+66661-1*+11366* 216***60-00*21**+61*2*4/*547 151*6203994+-42*64915361/3*
	纳税人识别号	130203723351146		
	地址、电话	江山市开平区昌博路10号 2810366		
	开户行及账号	中国工商银行开平支行 0403123409000056708		

货物或应税劳务、服务名称	规格型号	单位	数量	单价	金额	税率	税额
*应税劳务*运输费		千米	600	10.3211	6192.66	9%	557.34
合　计					¥ 6192.66		¥ 557.34

价税合计（大写）	⊗陆仟柒佰伍拾元整	（小写）¥ 6750.00

销售方	名称	本溪市利达运输服务有限公司	备注	圆钢25吨，本溪至唐山，汽车辽E77R08
	纳税人识别号	91210586223840368G		
	地址、电话	本溪市庆工路51号 33553443		
	开户行及账号	工商银行庆工路支行 425213000000301226		

收款人：　　　复核：吴玲玲　　　开票人：李俭　　　销售方：章

单据004-03：

货品签收单

发货日期	2020年12月2日	合同编号	2020112101	发货单号	20120201
购货单位	名称	昌博车床有限责任公司	联系人		王功英
	地址	江山市开平区昌博路10号	联系电话		2810366

	发货信息（销货单位填写）				收货信息（购货单位填写）	
序号	货品名称	型号	单位	发货数量	签收数量	备注
1	圆钢		吨	25	25	
2						
3						
4						

发票情况	已开，随货到		签收人签字	王功英	购货单位章
承运单位	本溪市利达运输公司	运输方式	公路	运费情况	6750元，买方承担
销货单位	名称	本溪市轧钢厂		经手人	吴安讯
	地址	本溪市西轧路42号		联系电话	3314662

单据004-04：

付款申请书

2020 年 12 月 2 日

用途及情况	金额									收款单位：本溪市利达运输服务有限公司	
运费	仟	佰	拾	万	仟	佰	拾	元	角	分	账号：425213000000301226
					￥6	7	5	0	0	0	开户行：工商银行庆工路支行
金额（大写）合计	陆仟柒佰伍拾圆整										电汇：✓　汇票：□　转账：□
总经理		财务科			科长		王月康		申请部门	科长	张志发
					会计		李晓玲			经办人	王功英

单据004-05：

中国工商银行 网上银行电子回单

电子回单号码：9170-5117-1526-8233

付款人	户名	昌博车床有限责任公司	收款人	户名	本溪市利达运输服务有限公司
	账号	0403123409000056708		账号	4252130000000301226
	开户银行	中国工商银行开平支行		开户银行	工商银行庆工路支行
金额	人民币(大写)：陆仟柒佰伍拾元整　￥6,750.00元				
摘要	往来款		业务（产品）种类		同行发报
用途	运费				
交易流水号	83310040		时间戳		2020-12-02-16.50.48.326858

备注：往来款
附言：往来款 支付交易序号：69636124
报文种类：客户发起汇兑业务
委托日期：2020-12-02
业务类型(种类)：普通汇兑

验证码：5BGW62G6Z9MQxtr4UPCw4D3e8t8=

记账网点	00040300136	记账柜员	0023	记账日期	2020-12-02

打印日期：2020-12-02

如需校验回单，请点击：回单校验
重要提示：本回单不作为收款方发货依据，并请勿重复记账。

单据004-06：

中国工商银行 网上银行电子回单

电子回单号码：5331-0867-9485-7285

付款人	户 名	昌博车床有限责任公司	收款人	户 名	*********
	账 号	0403123409000056708		账 号	*********
	开户银行	中国工商银行开平支行		开户银行	中国工商银行股份有限公司开平支行
金 额		人民币(大写)：伍元整　￥5.00元			
摘 要		支付手续费	业务(产品)种类		对公收费
用 途					
交易流水号		95387742	时间戳		2020-12-02-12.39.44.389404

备注：附言：往来款 支付交易序号： 47833967
报文种类：客户发起汇兑
业务 委托日期：2020-12-02　　业务类型(种类)：普通汇兑
原发报金额：￥6,750.00元

验证码：O7PukZ1EXYW0C1tIgQM1T1SMPN9=

| 记账网点 | 00040300136 | 记账柜员 | 03477 | 记账日期 | 2020-12-02 |

如需校验回单，请点击：回单校验　　　　　　　　　打印日期：2020-12-02

重要提示：本回单不作为收款方发货依据，并请勿重复记账

单据005-01：

购销合同

供货单位（甲方）： 江山市永裕机床经销公司　　合同编号：CG2020120301
购货单位（乙方）： 昌博车床有限责任公司

根据《中华人民共和国合同法》及国家相关法律、法规之规定，甲乙双方本着平等互利的原则，就乙方购买甲方产品一事达成如下协议。

一、产品名称、数量、价格

货物名称	规格型号	计量单位	数量	单价(含税)元	金额(含税)元	税率
数控钻床	RC550	台	1	173,800.00	173,800.00	13%
合计金额	大写人民币	壹拾柒万叁仟捌佰元整			173,800.00	

二、货款结算
1、付款方式： 转账支票
2、甲方开户行： 工商银行永乐路支行　　　　　账号： 2379831000000763281
3、合同生效后5日内甲方将货物运到乙方加工车间现场，并负责安装调试。乙方于钻床安装验收合格之日结清双方往来货款。

三、发送方式及运费承担方式： 卖方负责送货并承担运费。

四、违约责任
甲乙双方任何一方违约，违约方应按照国家有关法律、法规规定向守约方支付违约金；守约方有权向违约方追索由此引起的经济损失。

五、附则
本合同自双方签字、盖章之日起生效；本合同壹式贰份，甲乙双方各执壹份。

甲方（签章）：江山市永裕机床经销公司　　　　乙方（签章）：昌博车床有限责任公司
代表（签字）：李旦　　　　　　　　　　　　　代表（签字）：王功英
地址：江山市永乐路98号　　　　　　　　　　　地址：江山市开平区昌博路30号
电话：2874388　　　　　　　　　　　　　　　 电话：2810366
2020 年 12 月 3 日　　　　　　　　　　　　　 2020 年 12 月 3 日

单据 005-02：

河北增值税专用发票 NO27331628

13001900204
461237812511

开票日期：2020年12月3日

购买方	名　称：	昌博车床有限责任公司
	纳税人识别号：	130203723351146
	地址、电话：	江山市开平区昌博路10号2810366
	开户行及账号：	中国工商银行开平支行0403123409000056708

密码区：
/61167/*+3*0*++0/+0*/*+3+2/9
**06661*11+*666661*+66666*
10*261**+216***600*2*4/*547
2031*69153994+-42*641561/3*

货物或应税劳务、服务名称	规格型号	单位	数量	单价	金额	税率	税额
*车床*数控钻床	RC550	台	1	153805.31	153805.31	13%	19994.69
合　计					¥153805.31		¥19994.69

价税合计（大写）： ⊗壹拾柒万叁仟捌佰元整　　（小写） ¥ 173800.00

销售方	名　称：	江山市永裕机床经销公司
	纳税人识别号：	91213546565776892Q
	地址、电话：	江山市永乐路98号2874388
	开户行及账号：	工商银行永乐路支行2379831000000763281

收款人：　　复核：韦剑飞　　开票人：万洁英　　销售方：章

单据 006-01：

固定资产报废单

申请部门：机加工车间　　2020 年 12 月 3 日　　　　单位：元

固定资产名称	资产编号	台件数	购买时间	启用时间	使用年限	原值	已提折旧	报废原因
铣床	0222	1	2014.7.8	2014.7.8	6.5	87,000	80,000	故障频繁

审批意见	使用部门：	设备老化，故障频发，影响生产，同意报废。　　魏刚
	技术部门：	经鉴定，设备长期超负荷运转，多处损坏，维修不经济，同意报废。张汉涛
	管理部门：	设备长期超负荷运转，老化损坏，故障频繁，不适应生产需求，同意报废。宋华文
	财务部门：	即将达到预计使用年限，同意报废。
备　注：		实价收入3000元。

单据006-02：

013001900204

机器编号：529977080406

 河北增值税普通发票 N024116255

013001900204
529977080406

开票日期：2020年12月3日

购买方	名称：	王富凯					密码区	67/*+3*0/611*++0/*0*/*+3+2/9 *11*+66666**066611*+66666* 1**+216***6000*261*2*4/*547 203994+-42*64151*6915361/3*		
	纳税人识别号：									
	地址、电话：	江山市开平区13841662331								
	开户行及账号：									
货物或应税劳务、服务名称		规格型号	单位	数量	单价		金额	税率	税额	
出售废旧机器			台	1	2941.18		2941.18	2%	58.82	
							现金付讫			
合 计							¥ 2941.18		¥ 58.82	
价税合计（大写）		◎叁仟元整					（小写） ¥ 3000.00			
销售方	名称：	昌博车床有限责任公司					备注			
	纳税人识别号：	130203723351146								
	地址、电话：	江山市开平区昌博路10号2810366								
	开户行及账号：	中国工商银行开平支行0403123409000056708								

收款人：冯玉敏　　复核：李晓玲　　开票人：冯玉敏　　销售方：章

单据007-01：

013001900204

614453331445

 河北增值税专用发票 N010272113

013001900204
614453331445

开票日期：2020年12月03日

购买方	名称：	昌博车床有限责任公司					密码区	-42*51*69994+153220306661/3* +-60/*+3*641*/*0/45611*+3+2/9 *261*2*42+66**21661**+*/*547 0001**+61166*+6**066616666*		
	纳税人识别号：	130203723351146								
	地址、电话：	江山市开平区昌博路10号2810366								
	开户行及账号：	中国工商银行开平支行0403123409000056708								
货物或应税劳务、服务名称		规格型号	单位	数量	单价		金额	税率	税额	
*轴承*D318轴承			套	200	350.00		70000.00	13%	9100	
*轴承*D462轴承			套	200	224.00		44800.00	13%	5824	
合 计							¥ 114800		¥ 14924	
价税合计（大写）		◎壹拾贰万玖仟柒佰贰拾肆元整					（小写） ¥ 129724.00			
销售方	名称：	江山市前江轴承厂					备注			
	纳税人识别号：	91164465737785445Y								
	地址、电话：	江山市昌博路97号2816884								
	开户行及账号：	工商银行昌博支行2379605300000329836								

收款人：冯鹏　　复核：付大鹏　　开票人：林晓丽　　销售方：章

单据 007-02：

货品签收单

发货日期	2020年12月3日		合同编号	CG2020122301		发货单号		201203	
购货单位	名称	昌博车床有限责任公司			联系人		王功英		
	地址	江山市开平区昌博路10号			联系电话		2810366		
		发货信息（销货单位填写）				收货信息（购货单位填写）			
序号	货品名称		型号	单位	发货数量	签收数量		备注	
1	D318轴承			套	200	200			
2									
3									
4									
发票情况	随货到				签收人签字	王功英		购货单位章	
承运单位	销货单位		运输方式		运费情况		无		
销货单位	名称	江山市前江轴承厂			经手人		周榜		
	地址	江山市昌博路97号			联系电话		2816884		

一联 购货方留存

单据 007-03：

付款申请书

2020 年 12 月 3 日

用途及情况	金额									收款单位：江山市前江轴承厂				
购货款	仟	佰	拾	万	仟	佰	拾	元	角	分	账号：4635778300000223980			
				¥	1	4	2	2	4	0	0	开户行：工商银行西礼路支行		
金额（大写）合计：	壹万肆仟贰佰贰拾肆元整										电汇 ✓	汇票 □	转账 □	
总经理	王义国		财务科		科长	王义康		申请部门		科长	张圭发			
					会计	李晓玲				经办人	王功英			

单据007-04：

中国工商银行 网上银行电子回单

电子回单号码：2742-5544-2202-7635

付款人	户名	昌博车床有限责任公司	收款人	户名	江山市前江轴承厂
	账号	0403123409000056708		账号	2379605300000329836
	开户银行	中国工商银行开平支行		开户银行	工商银行昌博路支行
金额		人民币(大写)：壹万肆仟贰佰贰拾肆元整 ￥14,224.00元			
摘要		往来款	业务(产品)种类		同行发报
用途		购轴承			
交易流水号		63932812	时间戳		2020-12-03-11.33.30.833371
		备注：往来款 附言：往来款 支付交易序号： 60472210 报文种类：客户发起汇兑业务 委托日期： 2020-12-03 业务类型(种类)：普通汇兑			
		验证码： C838o1E9Y76j1Dv81K59XB1NY94=			
记账网点		00040300136	记账柜员	0023	记账日期 2020-12-03

如需校验回单，请点击：回单校验　　　　　　　　打印日期：2020-12-03

重要提示：本回单不作为收款方发货依据，并请勿重复记账

单据008-01：

货品签收单

发货日期	2020年12月4日	合同编号	CG2020112701	发货单号	201204
购货单位	名称	昌博车床有限责任公司	联系人		王功英
	地址	江山市开平区昌博路10号	联系电话		2810366

	发货信息（销货单位填写）				收货信息（购货单位填写）	
序号	货品名称	型号	单位	发货数量	签收数量	备注
1	D318轴承		套	45	45	
2						
3						
4						

发票情况	已交买方 NO.11671411	签收人签字	王功英	购货单位章
承运单位	卖方送货	运输方式	运费情况	无运费

销货单位	名称	天津市宏泰轴承厂	经手人	简勇
	地址	天津市宏泰路56号	联系电话	2661116

一联　购货方留存

单据 008-02：

付款申请书

2020 年 12 月 4 日

用途及情况	金 额									收款单位：天津市宏泰轴承厂
购货款	仟	佰	拾	万	仟	佰	拾	元	角	分	账号：1963236900000184653
	¥	1	2	8	7	0	0	0	0	开户行：工商银行宏泰路支行

金额（大写）合计：	壹拾贰万捌仟柒佰元整	电汇：✓	汇票：□	转账：□
总经理 王义国	财务科 科长 王丹康 / 会计 李晓玲	申请部门	科长 张志发 / 经办人 王功英	

单据 008-03：

中国工商银行 网上银行电子回单

电子回单号码：2919-6260-6507-7932

付款人	户 名	昌博车床有限责任公司	收款人	户 名	天津市宏泰轴承厂
	账 号	04031234090000056708		账 号	1963236900000184653
	开户银行	中国工商银行开平支行		开户银行	工商银行宏泰路支行
金 额	人民币(大写)：壹拾贰万捌仟柒佰元整 ￥128,700.00元				
摘 要	往来款		业务（产品）种类		同行发报
用 途					
交易流水号	22466296		时间戳		2020-12-04-13.36.36.257814
	备注：往来款 附言：往来款 支付交易序号：80764235 报文种类：客户发起汇兑业务 委托日期：2020-12-04 业务类型(种类)：普通汇兑				
	验证码：	Ce8H419R3oPJ94539ckCX8NpVJQ=			

（中国工商银行 电子回单 专用章）

记账网点	00040300136	记账柜员	0023	记账日期	2020-12-04

如需校验回单，请点击：回单校验　　　　　　　　　　打印日期：2020-12-04
重要提示：本回单不作为收款方发货依据，并请勿重复记账

单据008-04:

中国工商银行 网上银行电子回单

电子回单号码：8244-1041-9530-5546

付款人	户 名	昌博车床有限责任公司	收款人	户 名	
	账 号	0403123409000056708		账 号	*********
	开户银行	中国工商银行开平支行		开户银行	中国工商银行股份有限公司开平支行
金 额		人民币(大写)：壹拾伍元整　￥15.00元			
摘 要		支付手续费	业务（产品）种类		对公收费
用 途					
交易流水号		38312296	时间戳		2020-12-04-13.11.49.395165
备 注		附言:往来款 支付交易序号： 88971282 报文种类：客户发起汇兑 业务 委托日期：2020-12-04　　业务类型(种类):普通汇兑 原发报金额：￥128,700.00元			
验证码		PQAH91ROS33NaZ3RNgCX6999S5S=			
记账网点	00040300136		记账柜员	03477	记账日期	2020-12-04

如需校验回单，请点击：回单校验　　　　　　　　　　　　　　打印日期:2020-12-04
重要提示：本回单不作为收款方发货依据，并请勿重复记账

单据009-01：

成品验收入库单

装配车间　　　　　2020年12月4日　　　　编码：CP20120401

产品名称	规格型号	生产批号	单位	完工数量	合格数量
车床	P618	P20201110	台	12	12
车床	X240	X20201110	台	10	10

一联 车间留存

生产：李娜　　　　质检：张吉书　　　　仓库：王博

单据010-01：

差 旅 费 报 销 单

2020 年 12 月 4 日

现金付讫

经费管理部门	供应科			出差事由	上海市，业务考察			项目名称			
出差人员姓名	张主发			出差日期	自12月1日至12月3日共3天			出差人数：1人	项目编号		
往返车船费（按日期顺序填列）								开支项目	天数	人数	标准	金额
车次	月	日	发站	月	日	到站	单价	张数	金额	补助费	伙食补助	3	1		300
T134	12	1	江山市	12	1	上海	450	1	450		市内交通费	3	1		200
T134	12	3	上海	12	3	江山市	450	1	450	其他费用	住宿费	2	1		700
											手续费				
											保险费				
小　　计								900	小　计				1200

报销合计金额（大写）：☒万 贰仟壹佰零拾零元零角零分 ￥2100.00

是否偿还借款：是☑ 否□，借款人：张主发　借款日期：2020.11.25　全部偿还☑ 部分偿还□

主管领导：王贝康　财务审核人：李晓玲　经费管理部门负责人：　　　报销人：张主发

附件 3 张

单据010-02：

差 旅 费 报 销 单

2020 年 12 月 4 日

现金付讫

经费管理部门	销售科			出差事由	探亲假：石家庄			项目名称			
出差人员姓名	刘晓寺			出差日期	自11月13日至11月17日共5天			出差人数：1人	项目编号		
往返车船费（按日期顺序填列）								开支项目	天数	人数	标准	金额
车次	月	日	发站	月	日	到站	单价	张数	金额	补助费	伙食补助				
G1704	11	13	江山市	11	13	石家庄	177.00	1	177.00		市内交通费				
G1702	11	17	石家庄	11	17	江山市	177.00	1	177.00	其他费用	住宿费				
											手续费				
											保险费				
小　　计								354.00	小　计				

报销合计金额（大写）：万 ☒仟 叁佰伍拾肆元零角零分 ￥354.00

是否偿还借款：是□ 否☑，借款人：　　借款日期：　　全部偿还□ 部分偿还□

主管领导：王贝康　财务审核人：李晓玲　经费管理部门负责人：王强　报销人：刘晓寺

附件 2 张

单据011-01：

固定资产验收交接单

No. 0139

固定资产名称	数控机床	验收日期	2020.12.5	使用部门	机加工车间
型号规格	Rc550	交接方式	外购	供应商	江山市永裕机床经销公司
固定资产编号	0225	安装地点	机加工车间	原始价值	153,805.31元

主要技术参数：
数量：1台
预计使用年限：6.5年
预计净残值率：5%
折旧方法：平均年限法

验收意见：
安装调试完毕，符合规定质量标准，验收合格。

设备科主管：宋华文　　交验部门及主管：龙朋　　设备科验收：李金贝

第二联 记账联

单据011-02：

付款申请书

2020 年 12 月 5 日

用途及情况	金 额								收款单位：江山市永裕机床经销公司
购数控机床	仟	佰	拾万	仟	佰	拾	元	角 分	账号：237983100000076328I
	¥	1	7 3	8	0	0	0	0 0	开户行：工商银行永乐路支行
金额（大写）合计	壹拾柒万叁仟捌佰元整								电汇：□　汇票：□　转账：✓
总经理 王义国	财务科		科长 王贝康			申请部门	科长 张圭成		
			会计 李晓玲				经办人 王功英		

单据011-03：

单据012-01：

货品签收单

发货日期	2020年12月5日	合同编号	CG2020120101	发货单号	DL-201205
购货单位	名称	昌博车床有限责任公司		联系人	王功英
	地址	江山市开平区昌博路10号		联系电话	2810366

	发货信息				收货信息（购货单位填写）	
序号	货品名称	型号	单位	发货数量	签收数量	备注
1	生铁		吨	20	20	
2						
3						
4						

发票因忘带，未送达，吴司机

发票情况	已开 NO.11780140	签收人签字	王功英	购货单位章
承运单位	卖方送货	运输方式 公路	运费情况	卖方承担
销货单位	名称	本溪市大陆钢铁有限公司	经手人	江有龙
	地址	本溪市西轧路83号	联系电话	33158688

一联 购货方留存

单据013-01：

购销合同

供货单位（甲方）：江山市渤海机床附件厂　　　　合同编号：CG2020120501
购货单位（乙方）：昌博车床有限责任公司

根据《中华人民共和国合同法》及国家相关法律、法规之规定，甲乙双方本着平等互利的原则，就乙方购买甲方产品一事达成如下协议。

一、产品名称、数量、价格

货物名称	规格型号	计量单位	数量	单价（不含税）元	金额（不含税）元	税率
R标准套件	R55	套	100	2,055.00	205,500.00	13%
合计金额	大写人民币 贰拾万伍仟伍佰元整				205,500.00	13%

合同总金额（含税）：￥232,215.00元，大写人民币贰拾叁万贰仟贰佰壹拾伍元整。

二、货款结算
1、付款方式：　转账支票
2、甲方开户行：工商银行昌博路支行　　　　账号：2379740300000853023
3、合同生效后2日内甲方将货物送到乙方并开出增值税专用发票。乙方验收合格后3日内付清货款。

三、发送方式及送费承担方式：卖方负责送货并承担运费。

四、违约责任
　　甲乙双方任何一方违约，违约方应按照国家有关法律、法规规定向守约方支付违约金。守约方有权向违约方追索由此引起的经济损失。

五、附则
　　本合同自双方签字、盖章之日起生效；本合同壹式贰份，甲乙双方各执壹份。

甲方（签章）：江山市渤海机床附件厂　　　　乙方（签章）：昌博车床有限责任公司
代表（签字）：刘怀忠　　　　　　　　　　　代表（签字）：王功英
地址：江山市昌博路77号　　　　　　　　　　地址：江山市开平区昌博路10号
电话：2834366　　　　　　　　　　　　　　 电话：2810366
2020 年 12 月 5 日　　　　　　　　　　　　 2020 年 12 月 5 日

单据013-02:

河北增值税专用发票 NO10453036

013001900204
311452811621

开票日期:2020年12月05日

购买方	名称	昌博车床有限责任公司		密码区	-42*51*69994+153220306661/3* +-60/*+3*641*/*0/45611*+3+2/9 *261*2*42+66**21661**+*/*547 0001**+61166**+6**066616666*			
	纳税人识别号	130203723351146						
	地址、电话	江山市开平区昌博路10号2810366						
	开户行及账号	中国工商银行开平支行0403123409000056708						
货物或应税劳务、服务名称		规格型号	单位	数量	单价	金额	税率	税额
*车床附件*R标准套件		R55	套	100	2055.00	205500.00	13%	26715
合计						¥ 205500		¥ 26715
价税合计(大写)		◎贰拾叁万贰仟贰佰壹拾伍元整				(小写) ¥ 232215.00		
销售方	名称	江山市渤海机床附件厂		备注				
	纳税人识别号	91130102103567423X						
	地址、电话	江山市昌博路77号2834366						
	开户行及账号	工商银行昌博路支行2379740300000853023						

收款人: 复核:武军 开票人:刘莉 销售方:章

单据013-03:

货品签收单

发货日期	2020年12月5日		合同编号	CG2020120501	发货单号	BH-20120501
购货单位	名称	昌博车床有限责任公司			联系人	王功英
	地址	江山市开平区昌博路10号			联系电话	2810366
发货信息(销货单位填写)					收货信息(购货单位填写)	
序号	货品名称	型号	单位	发货数量	签收数量	备注
1	R标准套件	R55	套	100	90	拒收10
2						
3						
4						
发票情况	随货到,NO.10453036			签收人签字	王功英	购货单位章
承运单位	卖方送货			运输情况	运费情况	卖方承担
销货单位	名称	江山市渤海机床附件厂			经手人	刘怀中
	地址	江山市昌博路77号			联系电话	2834366

单据014-01：

购销合同

供货单位（甲方）：昌博车床有限责任公司　　　　合同编号：XS2020120601
购货单位（乙方）：江山市北江电机公司

根据《中华人民共和国合同法》及国家相关法律、法规之规定，甲乙双方本着平等互利的原则，就乙方购买甲方产品一事达成如下协议。

一、产品名称、数量、价格

货物名称	规格型号	计量单位	数量	单价（不含税）元	金额（不含税）元	税率
车床	P618	台	3	58,300.00	174,900.00	13%
车床	X240	台	4	38,700.00	154,800.00	13%
合计金额	大写人民币 叁拾贰万玖仟柒佰元整				329,700.00	13%

二、货款结算
1、付款方式：银行承兑汇票
2、甲方开户行：中国工商银行开平支行　　　　　账号：0403123409000056708
3、合同生效之日起三日内甲方将全部货物送达乙方并开出增值税专用发票。乙方收货后2日内以3月期银行承兑汇票结算货款。

三、发送方式及运费承担方式：卖方负责发货，卖方承担运费。

四、违约责任
甲乙双方任何一方违约，违约方应按照国家有关法律、法规规定向守约方支付违约金；守约方有权向违约方追索由此引起的经济损失。

五、附则
本合同自双方签字、盖章之日起生效；本合同壹式贰份，甲乙双方各执壹份。

甲方（签章）：昌博车床有限责任公司　　　　乙方（签章）：江山市北江电机公司
代表（签字）：刘晓芳　　　　　　　　　　　代表（签字）：吴代坤
地址：江山市开平区昌博路10号　　　　　　　地址：江山市永乐路28号
电话：2810366　　　　　　　　　　　　　　　电话：2207899
2020 年 12 月 6 日　　　　　　　　　　　　　2020 年 12 月 6 日

单据014-02：

河北增值税专用发票　NO24338368
013001900204
529977080406
开票日期：2020年12月6日

购买方	名称：江山市北江电机公司
	纳税人识别号：91004253214467366E
	地址、电话：江山市永乐路28号2207899
	开户行及账号：工商银行永乐路支行2379429100000407714

密码区：
67/*+3*0/611**+0/*0*/*+3+2/9
11+66666**066611*+66666*
1**+216***6000*261*2*4/*547
203994+-42*64151*6915361/3*

货物或应税劳务、服务名称	规格型号	单位	数量	单价	金额	税率	税额
车床 P618		台	3	58300	174900.00	13%	22737
车床 X240		台	4	38700	154800.00	13%	20124
合　计					¥329700		¥42861

价税合计（大写）：㊣叁拾柒万贰仟伍佰陆拾壹元整　　（小写）¥372561.00

销售方	名称：昌博车床有限责任公司
	纳税人识别号：130203723351146
	地址、电话：江山市开平区昌博路10号2810366
	开户行及账号：中国工商银行开平支行0403123409000056708

收款人：李晓玲　　复核：李晓玲　　开票人：冯玉敏　　销售方：章

单据015-01：

领料申请单

领料部门：铸造车间　　2020年12月6日　　申请单编号：20120601

编号	类别	物料名称	规格	单位	数量 请领	数量 实发	备注
	主要材料	生铁		吨	15		生产P618车床
	主要材料	生铁		吨	8		生产X240车床

用途	生产领料	领料部门		仓储部门	
		负责人	领料人	核准人	发料人
		王军辉	王小刚	李洪亮	孔祥军

第一联 存根

单据015-02：

领料申请单

领料部门：机加工车间　　2020年12月6日　　申请单编号：20120602

编号	类别	物料名称	规格	单位	数量 请领	数量 实发	备注
	主要材料	圆钢		吨	10		P618
	主要材料	圆钢		吨	8		X240

用途	生产领料	领料部门		仓储部门	
		负责人	领料人	核准人	发料人
		魏刚	杨旭	李洪亮	孔祥军

第一联 存根

单据015-03：

领料申请单

领料部门：装配车间　　2020年12月6日　　申请单编号：20120603

编号	类别	物料名称	规格	单位	数量 请领	数量 实发	备注
	外购半成品	电机	Y123M	台	25		P618
	外购半成品	轴承	D318	套	500		P618
	外购半成品	标准件	R55	套	125		P618
	外购半成品	电机	A0B25	台	18		X240
	外购半成品	轴承	D462	套	270		X240
	外购半成品	标准件	R55	套	36		X240

用途	生产领料	领料部门		仓储部门	
		负责人	领料人	核准人	发料人
		周洁	刘海峰	李洪亮	孔祥军

第一联 存根

单据 016-01：

昌博车床内部联络书

主　旨	关于装配车间发现72套不合格D318轴承的初步意见			共 1 页	
发文单位	技术科	抄　送	行政科	发文日期	2020.12.06
受文单位	材料库、供应科				
知　会	财务科				

　　装配车间今天上午从材料库领用的500套D318轴承，装配时发现有72套轴承存在端面轴向窜动量过大的问题，对P618车床的产品质量有严重影响，不能使用。请材料库予以调换，并交供应科追溯货物来源，尽快与供应商协商解决。技术科对相关责任人做进一步调查。

公司技术科

张洪博

2020.12.06

单据 017-01：

产品质量问题处理协议

甲方：天津宏泰轴承厂

乙方：昌博车床有限责任公司

　　甲方于2020年11月27日销售给乙方D318轴承330套（合同编号CG2020112701），分别于2020年11月30日（285套）和2020年12月4日（45套）两次发货给乙方。乙方于2020年12月6日发现收到的这两批D318轴承中有72套存在端面轴向窜动量过大的问题。经协商，双方达成如下协议：

1. 甲方接受乙方退回该批72套D318轴承，并承担退货运费。
2. 甲方在收到乙方退货后3日内办理退款。

甲方：天津宏泰轴承厂　　　　　乙方：昌博车床有限责任公司

授权代表：　　　　　　　　　　授权代表：王××

2020年12月　　　　　　　　　2020年12月7日

单据 018-01：

021001900302
438647052211

辽宁增值税专用发票　NO 11485130

021001900302
438647052211

开票日期：2020年12月5日

购买方	名　称：	昌博车床有限责任公司				密码区	51*691532203994+-42*06661/3* 0/611*+-60/*+3*641*/*+3+2/9 +66**6000*261*2*421**+*/*547 **066611216**+61166*+66666*
	纳税人识别号：	130203723351146					
	地址、电话：	江山市开平区昌博路10号2810366					
	开户行及账号：	中国工商银行开平支行0403123409000056708					

货物或应税劳务、服务名称	规格型号	单位	数量	单价	金额	税率	税额
*铁*生铁		吨	20	2960	59200.00	13%	7696
合　计					￥59200		￥7696
价税合计（大写）	⊗陆万陆仟捌佰玖拾陆元整				（小写） ￥66896.00		

销售方	名　称：	本溪市大陆钢铁有限公司
	纳税人识别号：	91210503688384622A
	地址、电话：	本溪市西轧路83号33158688
	开户行及账号：	工商银行西轧路支行 4252130000000688062

收款人：季亚军　　复核：马子莲　　开票人：季亚军　　销售方：章

单据 019-01：

销项负数
013001900204
311452811621

NO 10453042

013001900204
311452811621

开票日期：2020年12月06日

购买方	名　称：	昌博车床有限责任公司				密码区	-42*51*69994+153220306661/3* +-60/*+3*641*/*0/45611*+3+2/9 *261*2*42+66**21661**+*/*547 0001**+61166*+6**066616666*
	纳税人识别号：	130203723351146					
	地址、电话：	江山市开平区昌博路10号2810366					
	开户行及账号：	中国工商银行开平支行0403123409000056708					

货物或应税劳务、服务名称	规格型号	单位	数量	单价	金额	税率	税额
*车床附件*R标准套件	R55	套	-10	2055.00	-20550	13%	-2671.50
合　计					￥-20550		￥-2671.5
价税合计（大写）	⊗负贰万叁仟贰佰贰拾壹元伍角整				（小写） ￥-23221.50		

销售方	名　称：	江山市渤海机床附件厂
	纳税人识别号：	9113010210356742 3X
	地址、电话：	江山市昌博路77号2834366
	开户行及账号：	工商银行昌博路支行23797 40300000853023

收款人：　　复核：武军　　开票人：刘莉　　销售方：章

单据020-01：

河北增值税专用发票 NO24338369

013001900204
529977080406

开票日期：2020年12月07日

购买方	名称：	衡水市富达汽车配件厂				密码区	67/*+3*0/611*++0/*0*/*+3*+2/9 *11*+66666**066611*+66666* 1**+216***6000*261*2*4/*547 203994+-42*64151*6915361/3*
	纳税人识别号：	91131102103257190U					
	地址、电话：	衡水市衡通路45号3138220					
	开户行及账号：	工商银行衡通路支行3836916000000148937					

货物或应税劳务、服务名称	规格型号	单位	数量	单价	金额	税率	税额
*车床*P618		台	1	58200	58200.00	13%	7566
*车床*X240		台	2	38600	77200.00	13%	10036
合 计					¥135400		¥17602
价税合计（大写）	⊗壹拾伍万叁仟零贰元整				（小写）¥153002.00		

销售方	名称：	昌博车床有限责任公司	备注	
	纳税人识别号：	130203723351146		
	地址、电话：	江山市开平区昌博路10号2810366		
	开户行及账号：	中国工商银行开平支行0403123409000056708		

收款人：冯玉敏　复核：李晓玲　开票人：冯玉敏　销售方：章

单据020-02：

中国工商银行　网上银行电子回单

电子回单号码：7768-9642-0890-9918

付款人	户名	衡水市富达汽车配件厂	收款人	户名	昌博车床有限责任公司
	账号	3836916000000148937		账号	0403123409000056708
	开户银行	工商银行衡通路支行		开户银行	中国工商银行开平支行
金额		人民币（大写）：壹拾伍万叁仟零贰元整　¥153,002.00元			
摘要		往来款	业务（产品）种类		同行收报
用途		购车床			
交易流水号		02378235	时间戳		2020-12-7-9.51.44.294863
		备注：往来款 附言：往来款　支付交易序号：46739383 报文种类：客户发起汇兑业务 委托日期：　2020-12-7 业务类型（种类）：普通汇兑			
		验证码：　200s5X99i5v38JST5261to87VFf=			
记账网点	00040300136		记账柜员	0047	记账日期　2020-12-7

如需校验回单，请点击：回单校验　　　　　　　　　　　　　　　打印日期：2020-12-7

重要提示：本回单不作为收款方发货依据，并请勿重复记账

单据020-03：

销售发货通知单

仓库：成品仓　　　　　　　2020年12月7日　　　　编码：fht20120701

发货日期	2020-12-07		合同编号		发货方式		自提
购货单位	名称	衡水市富达汽车配件厂			联系人		
	地址				联系电话		

序号	货品名称	型号	单位	发货数量	备注
1	车床	P618	台	1	
2	车床	X240	台	2	
3					
4					

制单人签字：刘晓奔　　　审核人签字：王强　　　成品库经手人签字：王博

第一联 销售科留存

单据021-01：

领料申请单

领料部门：后勤科　　　2020年12月7日　　　申请单编号：20120701

编号	类别	物料名称	规格	单位	数量		备注
					请领	实发	
	周转材料	工作服		套	45		
	周转材料	劳保鞋		双	45		现有45人

用途	后勤科负责支领和发放劳保用品，按各部门现有人数每人一套。	领料部门		仓储部门	
		负责人	领料人	核准人	发料人
		崔远	王早	李洪亮	孔祥军

第一联 存根

单据021-02：

领料申请单

领料部门：装配车间　　　2020年12月7日　　　申请单编号：20120702

编号	类别	物料名称	规格	单位	数量		备注
					请领	实发	
	周转材料	包装箱		个	50		
	周转材料	扳手		个	10		
	周转材料	螺丝		盒	5		

用途	生产领料	领料部门		仓储部门	
		负责人	领料人	核准人	发料人
		周洁	刘海峰	李洪亮	孔祥军

第一联 存根

单据021-03：

领料申请单

领料部门：机修车间　　2020年12月7日　　申请单编号：20201207 03

编号	类别	物料名称	规格	单位	数量		备注
					请领	实发	
	周转材料	法兰盘		个	20		
	周转材料	螺丝		盒	5		
	周转材料	专用配件		个	30		
用途	生产领料			领料部门		仓储部门	
				负责人	领料人	核准人	发料人
				王文丽	宋林广	李洪亮	孔祥军

第一联 存根

单据022-01：

销售发货通知单

仓库：成品仓　　2020年12月7日　　编码：fht220120702

发货日期	2020-12-07	合同编号	xs202012 0601	发货方式	送货
购货单位	名称	江山市北江电机公司		联系人	吴代坤
	地址	江山市永乐路28号		联系电话	2207899

序号	货品名称	型号	单位	发货数量	备注
1	车床	P618	台	3	
2	车床	X240	台	4	
3					

制单人签字：刘晓寿　　审核人签字：王强　　成品库经手人签字：王博

第一联 销售科留存

单据022-02：

电子银行承兑汇票

出票日期	2020-12-07			票据状态	收票已签收		
汇票到期日	2021-03-07			票号	110212400280220201207263451220		
出票人	全称	江山市北江电机公司		收票人	全称	昌博车床有限责任公司	
	账号	2379429100000407714			账号	0403123409000056708	
	开户银行	工商银行永乐路支行			开户银行	中国工商银行开平支行	
出票保证信息	保证人姓名：		保证人地址：		保证日期：		
票据金额	人民币（大写）	叁拾柒万贰仟伍佰陆拾壹元整				千亿百亿十亿亿千万百万十万万千百十元角分　¥3 7 2 5 6 1 0 0	
承兑人信息	全称	江山市北江电机公司		开户行行号	102124002802		
	账号	2379429100000407714		开户行名称	工商银行永乐路支行		
交易合同号	2020120601		承兑信息	出票人承诺：本汇票信息请予以承兑，到期无条件付款			
能否转让	可再转让			承兑人承诺：本汇票已经承兑，到期无条件付款			
				承兑日期			
承兑保证信息	保证人姓名：		保证人地址：		保证日期：		
评级信息（由出票人、承兑人自己记载，仅供参考）	出票人	评级主体：		信用等级：		评级到期日：	
	承兑人	评级主体：		信用等级：		评级到期日：	
备注							

单据023-01：

付款申请书

2020 年 12 月 8 日

用途及情况	金　　额									收款单位：上海市申特带钢厂	
购货款	仟	佰	拾	万	仟	佰	拾	元	角	分	账号：310866810000894748
	¥	2	7	4	5	6	0	0	0		开户行：工商银行申特路支行
金额（大写）合计：	贰拾柒万肆仟伍佰陆拾元整										电汇 ✓　汇票 □　转账 □
总经理　王义国	财务科			科长	王月廉				申请部门	科长 张志发	
				会计	李晓玲					经办人 王巧英	

单据023-02：

中国工商银行　网上银行电子回单

电子回单号码：9406-3769-3245-8777

付款人	户　名	昌博车床有限责任公司	收款人	户　名	上海市申特带钢厂
	账　号	0403123409000056708		账　号	310866810000894748
	开户银行	中国工商银行开平支行		开户银行	工商银行申特路支行
金　额		人民币(大写)：贰拾柒万肆仟伍佰陆拾元整　￥274,560.00元			
摘　要		往来款	业务（产品）种类		同行发报
用　途		购圆钢			
交易流水号		20745894	时间戳		2020-12-08-13.46.55.903024
备注：往来款					
附言：往来款 支付交易序号：46873642					
报文种类：客户发起汇兑业务					
委托日期：2020-12-08					
业务类型(种类)：普通汇兑					
验证码：		3W9072IQr1J1KXUK7J2MczIK1yL=			
记账网点	00040300136	记账柜员	0023	记账日期	2020-12-08

如需校验回单，请点击：回单校验　　　　打印日期：2020-12-08

重要提示：本回单不作为收款方发货依据，并请勿重复记账

单据023-03：

中国工商银行 网上银行电子回单

电子回单号码：9406-3769-3245-8777

付款人	户名	昌博车床有限责任公司	收款人	户名	
	账号	0403123409000056708		账号	*********
	开户银行	中国工商银行开平支行		开户银行	中国工商银行股份有限公司开平支行
	金额	人民币(大写)：壹拾伍元整 ￥15.00元			
	摘要	支付手续费		业务（产品）种类	对公收费
	用途				
	交易流水号	20745894		时间戳	2020-12-08-13.46.55.903024
	备注：	附言：往来款 支付交易序号： 46873642 报文种类：客户发起汇兑 业务 委托日期：2020-12-08 业务类型(种类)：普通汇兑 原发报金额： ￥274,560.00元			
		验证码： 3N9072IQr1J1KXUK7J2McZIK1yL=			
记账网点	00040300136		记账柜员	03477	记账日期	2020-12-08

如需校验回单，请点击：回单校验   打印日期：2020-12-08

重要提示：本回单不作为收款方发货依据，并请勿重复记账

单据024-01：

昌博车床内部联络书

主 旨	关于天津宏泰72套不合格D318轴承退货退款的处理			共1页
发文单位	供应科	抄送	技术科	发文日期 2020.12.08
受文单位	仓储科、财务科			
知 会	行政科			

　　装配车间12月6日上午从材料库领用的300套D318轴承，装配时发现有72套轴承存在端面轴向窜动量过大的问题，仓储科当日进行了调换。后经供应科与供应商天津宏泰轴承厂协商，对方同意对这72套轴承作退货退款处理。

　　现请材料库尽快向天津宏泰轴承厂发出退货。财务科向天津宏泰轴承厂收回退款。

2020.12.08

单据025-01：

委托代销合同

供货单位（甲方）：　昌博车床有限责任公司　　　　　　　合同编号：XS2020120901
购货单位（乙方）：　江山市永裕机床经销公司

根据《中华人民共和国合同法》及国家相关法律、法规之规定，甲乙双方本着平等互利的原则，就乙方受甲方委托代销产品一事协议如下：

一、产品名称、数量、价格

货物名称	规格型号	计量单位	数量	单价（不含税）元	金额（不含税）元	税率
车床	P618	台	50	58,000.00	2,900,000.00	13%
车床	X240	台	50	38,200.00	1,910,000.00	13%
合计金额	大写人民币	肆佰捌拾壹万圆元整			4,810,000.00	13%

二、货款结算
1、付款方式：　电汇
2、甲方开户行：　中国工商银行开平支行　　　　　　账号：　0403123409000056708
3、合同生效之日起三日内甲方将全部货物送达乙方。
4、本合同所用委托代销方式采用手续费方式。产品销售价格由本合同规定，每月底结算一次货款，并按不含税销售款的10%计算代销手续费。

三、发运方式及运费承担方式：　卖方负责发货，卖方承担运费。

四、违约责任
甲乙双方任何一方违约，违约方应按照国家有关法律、法规规定向守约方支付违约金；守约方有权向违约方追索由此引起的经济损失。

五、附则
本合同自双方签字、盖章之日起生效；本合同壹式贰份，甲乙双方各执壹份。

甲方（签章）：昌博车床有限责任公司　　　　　乙方（签章）：江山市永裕机床经销公司
代表（签字）：刘晓寿　　　　　　　　　　　　代表（签字）：王宝平
地址：江山市开平区昌博路10号　　　　　　　　地址：江山市永乐路98号
电话：2810366　　　　　　　　　　　　　　　电话：2874388
2020 年 12 月 09 日　　　　　　　　　　　　　2020 年 12 月 09 日

单据025-02：

销售发货通知单

仓库：成品仓　　　　　　2020年12月9日　　　　　　编码：fht220120901

发货日期	2020-12-09	合同编号	XS2020120901	发货方式	送货
购货单位	名称	江山市永裕机床经销公司		联系人	王宝平
	地址	江山市永乐路98号		联系电话	2874388

序号	货品名称	型号	单位	发货数量	备注
1	车床	P618	台	50	
2	车床	X240	台	50	
3					
4					

制单人签字：刘晓寿　　　审核人签字：王强　　　成品库经手人签字：王博

一联　销售科留存

单据026-01：

河北省增值税普通发票 NO37478383

013001901214
619940403761

机器编码：619940403761

开票日期：2020年12月09日

购买方	名称：昌博车床有限责任公司 纳税人识别号：130203723351146 地址、电话：江山市开平区昌博路10号2810366 开户行及账号：中国工商银行开平支行0403123409000056708	密码区	**+0/+0*/*+3=2/967/*+3*0/611 *11*+66664151*6915361/3*6* 1**+216***6000*261*2*4/*547 203994+-42*66**64151*6915

货物或应税劳务、服务名称	规格型号	单位	数量	单价	金额	税率	税额
*金融服务*贷款利息			1	5490.29	5490.29	3%	164.71
合　计					¥5490.29		¥164.71
价税合计（大写）	伍仟陆佰伍拾伍元整				（小写）¥5655.00		

销售方	名称：光太兴隆信托有限责任公司 纳税人识别号：91620204887755288C 地址、电话：江山市建设路12号2808088 开户行及账号：光太银行江山市分行营业部 5182018800000	备注	12月份短期借款利息

收款人：董婷婷　复核：邹晓静　开票人：邹晓静　销售方：章

单据026-02：

付款申请书

2020 年 12 月 9 日

收款单位：光太兴隆信托有限责任公司

用途及情况	金　额									账号：5182018800000071427
本月短期借款利息	仟	佰	拾	万	仟	佰	拾	元	角	分	开户行：光太银行江山市分行营业部
				¥	5	6	5	5	0	0	电汇 ☑　汇票 ☐　转账 ☐
金额（大写）合计	伍仟陆佰伍拾伍元整										

总经理	王义国	财务科	科　长	王贝康	申请部门	科　长	张吉发
			会　计	李晓玲		经办人	王功英

单据026-03：

中国工商银行　网上银行电子回单

电子回单号码：2942-8756-1015-3421

付款人	户名	昌博车床有限责任公司	收款人	户名	光太兴隆信托有限责任公司
	账号	0403123409000056708		账号	5182018800000071427
	开户银行	中国工商银行开平支行		开户银行	光太银行江山市分行营业部
金额		人民币(大写)：伍仟陆佰伍拾伍元整　￥5,655.00元			
摘要		往来款	业务(产品)种类		跨行发报
用途		利息费			
交易流水号		41457114	时间戳		2020-12-09-16.58.40.833953

备注：往来款
附言：往来款　支付交易序号：29423456
报文种类：客户发起汇兑业务
委托日期：2020-12-09
业务类型(种类)：普通汇兑

验证码：08By7AA3MJqRA8NR67SQ4i11x10=

| 记账网点 | 00040300136 | 记账柜员 | 0023 | 记账日期 | 2020-12-09 |

如需校验回单，请点击：回单校验　　　　　　　　　　　　打印日期：2020-12-09
重要提示：本回单不作为收款方发货依据，并请勿重复记账

单据027-01：

购销合同

供货单位(甲方)：昌博车床有限责任公司　　　　合同编号：XS2020121001
购货单位(乙方)：保定市宇翔机电公司

根据《中华人民共和国合同法》及国家相关法律、法规之规定，甲乙双方本着平等互利的原则，就乙方购买甲方产品一事达成如下协议。

一、产品名称、数量、价格

货物名称	规格型号	计量单位	数量	单价(不含税)元	金额(不含税)元	税率
车床	P618	台	15	61,200.00	918,000.00	13%
车床	X240	台	15	41,400.00	621,000.00	13%
合计金额	大写人民币　壹佰伍拾叁万玖仟元整				1,539,000.00	13%

合同总金额(含税)：￥1,739,070.00元，大写人民币壹佰柒拾叁万玖仟零柒拾元整

二、货款结算
1. 付款方式：电汇，分三期开票付款。
2. 甲方开户行：中国工商银行开平支行　　　　　　账号：0403123409000056708
3. 合同生效后3日内甲方将全部货物送达乙方，并开出第一期发票，以后隔月开票，乙方收到发票后3日内电汇付款。

三、发送方式及送费承担方式：卖方负责发货，卖方承担运费。

四、违约责任
甲乙双方任何一方违约，违约方应按照国家有关法律、法规规定向守约方支付违约金；守约方有权向违约方追索由此引起的经济损失。

五、附则
本合同自双方签字、盖章之日起生效；本合同壹式贰份，甲乙双方各执壹份。

甲方(签章)：昌博车床有限责任公司　　　　　　乙方(签章)：保定市宇翔机电公司
代表(签字)：刘晓秀　　　　　　　　　　　　　代表(签字)：沈凯俊
地址：江山市开平区晨博路10号　　　　　　　　地址：保定市宇翔路8号
电话：2810366　　　　　　　　　　　　　　　　电话：2845301
2020年12月10日　　　　　　　　　　　　　　　2020年12月10日

单据 027-02：

河北增值税专用发票 NO24338370

013001900204
529977080406

开票日期：2022年12月10日

购买方	名称：	保定市宇翔机电公司				密码区	67/*+3*0/611*++0/0*/*+3+2/9 *11*+66666**066611*+66666* 1**+216***6000*261*2*4/*547 203994+-42*64151*6915361/3*		
	纳税人识别号：	91130305540517211G							
	地址、电话：	保定市宇翔路95号2845301							
	开户行及账号：	工商银行宇翔路支行2169368900000633865							
货物或应税劳务、服务名称		规格型号	单位	数量	单价		金额	税率	税额
*车床*P618			台	5	61200.00		306000.00	13%	39780.00
*车床*X240			台	5	41400.00		207000.00	13%	26910.00
合 计							￥513000		￥66690
价税合计（大写）		◎伍拾柒万玖仟陆佰玖拾元整					（小写） ￥579690.00		
销售方	名称：	昌博车床有限责任公司				备注			
	纳税人识别号：	130203723351146							
	地址、电话：	江山市开平区昌博路10号2810366							
	开户行及账号：	中国工商银行开平支行0403123409000056708							

收款人： 复核：李晓玲 开票人：冯玉敏 销售方：（章 发票专用章）

单据 27-03：

中国工商银行 网上银行电子回单

电子回单号码：8052-8142-4996-4980

付款人	户 名	保定市宇翔机电公司	收款人	户 名	昌博车床有限责任公司
	账 号	2169368900000633865		账 号	0403123409000056708
	开户银行	工商银行宇翔路支行		开户银行	中国工商银行开平支行
金 额		人民币(大写)：伍拾柒万玖仟陆佰玖拾元整 ￥579,690.00元			
摘 要		往来款	业务（产品）种类		同行收报
用 途		购车床			
交易流水号		60400459	时间戳		2020-12-10-14.12.46.894734
备注：往来款 附言：往来款 支付交易序号： 69263440 报文种类：客户发起汇兑业务 委托日期：2020-12-10 业务类型(种类)：普通汇兑					
验证码：		Fc494JbONJ544GQD88FRqUt417U=			
记账网点	00040300136		记账柜员 0047	记账日期	2020-12-10

如需校验回单，请点击：回单校验 打印日期：2020-12-10
重要提示：本回单不作为收款方发货依据，并请勿重复记账

单据027-04：

销售发货通知单

仓库：成品仓　　　　2020年12月10日　　　　编码：fht22012l001

发货日期	2020-12-10	合同编号	XS202012l001	发货方式	送货
购货单位	名称	保定市宇翔机电公司		联系人	沈凯俊
	地址	保定市宇翔路95号		联系电话	2845301
序号	货品名称	型号	单位	发货数量	备注
1	车床	P618	台	15	
2	车床	X240	台	15	
3					
4					

制单人签字：刘晓寿　　　审核人签字：王强　　　成品库经手人签字：孔祥军

单据028-01：

付款申请书

2020 年 12 月 10 日

用途及情况	金　额									收款单位：吕博车床有限责任公司
发11月份工资	仟	佰	拾	万	仟	佰	拾	元	角	分	账号：0403123409000012304
			¥	2	0	7	0	8	0	7	5	开户行：中国工商银行开平支行
金额（大写）合计：	贰拾万零柒仟零捌拾元柒角五分									电汇：□　汇票：□　转账：✓
总经理	王义国	财务科	科长	王月康	申请部门	科长	张圭发
			会计	李晓玲		经办人	王功英

单据028-02：

单据028-03：

特色业务中国工商银行批量代付成功清单

机构代码：102130656788　　机构名称：中国工商银行开平支行　　入账日期：2020-12-10

客户账号	姓名	实发工资
6222080403000633201	王义国	6,262.50
6222080403000633202	崔达	5,497.00
6222080403000633203	王健	4,255.00
6222080403000633204	尚文	4,255.00
6222080403000633205	王自康	5,414.00
6222080403000633206	王力	4,193.50
6222080403000633207	冯玉敏	4,255.00
6222080403000633208	李晓玲	4,255.00
6222080403000633209	高贵	4,214.00
6222080403000633210	王俊	4,255.00
6222080403000633211	张奎发	5,517.50
6222080403000633212	王功英	4,255.00
6222080403000633213	王强	5,433.50
6222080403000633214	刘晓寿	4,255.00
6222080403000633215	张宏涛	5,517.50
6222080403000633216	张吉书	4,244.75
6222080403000633217	宋华文	5,476.50
6222080403000633218	李舍贝	4,255.00
6222080403000633219	李洪亮	5,517.50
6222080403000633220	孔祥军	4,152.50
6222080403000633221	王博	4,255.00
6222080403000633222	王平	4,255.00
6222080403000633223	王军辉	5,476.50
6222080403000633224	王小刚	4,076.50
6222080403000633225	殷旭	4,255.00
6222080403000633226	项俊	4,173.00
6222080403000633227	赵钢	4,234.50
6222080403000633228	高华强	4,255.00
6222080403000633229	李刚	4,255.00
6222080403000633230	魏刚	5,517.50
6222080403000633231	王波	4,255.00
6222080403000633232	李立凤	4,214.00
6222080403000633233	杨旭	4,255.00
6222080403000633234	姜文	4,255.00
6222080403000633235	周浩	5,517.50
6222080403000633236	杨欢	4,255.00
6222080403000633237	贾力	4,255.00
6222080403000633238	刘海峰	4,217.00
6222080403000633239	李娜	4,255.00
6222080403000633240	王文丽	5,497.00
6222080403000633241	宋林广	4,255.00
6222080403000633242	江雪	4,214.00
6222080403000633243	张春凤	5,276.50
6222080403000633244	冯殿功	4,155.00
6222080403000633245	万佩典	3,971.00
合计		207,080.75

单据029-01：

销项负数
012001900211
611619242123

天津增值税专用发票 NO11671491

012001900211
611619242123

开票日期：2020年12月10日

购买方	名称：	昌博车床有限责任公司				密码区	4151*6915361/3*++0/+0*/*+2/9 *11*+66667/*+3*0/611*66666* +3*+216***+300*261*2*4/*547 451*6915361/3* 203994+-42*6		
	纳税人识别号：	130203723351146							
	地址、电话：	江山市开平区昌博路10号2810366							
	开户行及账号：	中国工商银行开平支行 0403123409000056708							
货物或应税劳务、服务名称		规格型号	单位	数量	单价	金额		税率	税额
D318轴承			套	-72	345.13274	-24849.56		13%	-3230.44
合 计						¥ -24849.56			¥ -3230.44
价税合计（大写）		⊗负贰万捌仟零捌拾元整					（小写）¥ -28080.00		
销售方	名称：	天津市宏泰轴承厂				备注			
	纳税人识别号：	91120102103256621R							
	地址、电话：	天津市宏泰路56号2661116							
	开户行及账号：	工商银行宏泰路支行1963236900000184653							

收款人： 复核：彭良先 开票人：白俊然 销售方：

单据029-02：

中国工商银行 网上银行电子回单

电子回单号码：8343-5478-6786-4351

付款人	户 名	天津市宏泰轴承厂	收款人	户 名	昌博车床有限责任公司
	账 号	1963236900000184653		账 号	0403123409000056708
	开户银行	工商银行宏泰路支行		开户银行	中国工商银行开平支行
金 额		人民币（大写）：贰万捌仟零捌拾元整 ¥28,080.00元			
摘 要		往来款	业务（产品）种类		同行收报
用 途		退货款			
交易流水号		65841624	时间戳		2020-12-19-9.27.24.251096
		备注：往来款 附言：往来款 支付交易序号： 29396412 报文种类：客户发起汇兑业务 委托日期：2020-12-19 业务类型(种类)：普通汇兑			
		验证码： H1EeFw12Q0U64sN536D8s888o89=			
记账网点	00040300136	记账柜员	0047	记账日期	2020-12-19

如需校验回单，请点击：回单校验   打印日期：2020-12-19
重要提示：本回单不作为收款方发货依据，并请勿重复记账

单据030-01：

电子商业承兑汇票

出票日期	2020-12-11			票据状态	收票已签收									
汇票到期日	2021-03-11			票据号码	21022250001892020121136748531									

出票人	全称	昌博车床有限责任公司	收票人	全称	本溪市大陆钢铁有限公司
	账号	0403123409000056708		账号	4252130000000688062
	开户银行	中国工商银行开平支行		开户银行	工商银行西轧路支行

出票保证信息	保证人名称：		保证人地址：	保证日期：

票据金额	人民币（大写）伍万陆仟捌佰玖拾陆元整	十亿 千 百 十 万 千 百 十 元 角 分 ￥ 5 6 8 9 6 0 0

承兑人信息	全称	本溪市大陆钢铁有限公司	开户行行号	102225000189
	账号	4252130000000688062	开户行名称	工商银行西轧路支行
交易合同号		2020120101	承兑信息	出票人承诺：本汇票请予以承兑，到期无条件付款
能否转让		可再转让		承兑人承兑：本汇票已经承兑，到期无条件付款 承兑日期

承兑保证信息	保证人名称：	保证人地址：	保证日期：

评级信息（由出票人、承兑人自己记载，仅供参考）	出票人	评级主体：	信用等级	评级到期日：
	承兑人	评级主体：	信用等级	评级到期日：

单据031-01：

 中国工商银行电子缴税付款凭证

转账日期：2020年12月11日　　　　　　　　　凭证字号：30012020121287208

纳税人全称及纳税人识别号：130203723351146

付款人全称：	昌博车床有限责任公司	征收机关名称：	江山市开平区税务局
付款人账号：	0403123409000056708	收款国库（银行）名称：	国家金库江山市开平支库
付款人开户银行：	中国工商银行开平支行	缴款书交易流水号：	41010-09695861994391031
小写（合计金额）：	￥85,922.25元	税票号码：	58958618944584449363
大写（合计金额）：	人民币捌万伍仟玖佰贰拾贰元贰角伍分		

税（费）种名称	税款属期	实缴金额
社保费（养老）	20201101-20201130	59,772.00
社保费（医疗）	20201101-20201130	22,414.50
社保费（失业）	20201101-20201130	2,490.50
社保费（工伤）	20201101-20201130	1,245.25

第 1 次打印　　　　　　　　　　　　　　　　打印日期：2020年12月11日

此回单以客户真实交易为依据，可通过中国工商银行网站（www.icbc.com）校验真伪。电子回单可重复打印，请勿重复记账。

单据031-02：

中国工商银行 网上银行电子回单

电子回单号码：2721-2458-4093-5355

付款人	户 名	昌博车床有限责任公司	收款人	户 名	国家金库江山市开平支库
	账 号	0403123409000056708		账 号	2566
	开户银行	中国工商银行开平支行		开户银行	国家金库江山市开平支库
金 额	人民币(大写)： 捌万伍仟玖佰贰拾贰元贰角伍分　￥85,922.25元					
摘 要	往来款		业务（产品）种类	跨行发报		
用 途	2020年11月份社保费				
交易流水号	46590782		时间戳	2020-12-11-13.14.59.445900		
备注：往来款 附言：往来款 支付交易序号： 58699237 报文种类：客户发起汇兑业务 委托日期：2020-12-11 业务类型(种类)：普通汇兑					
验证码：	1a91lKZ8blsv77941s7BbM946UG=				
记账网点	00040300136	记账柜员	0023	记账日期	2020-12-11

如需校验回单，请点击： 回单校验　　　　　　　　　　　　　打印日期：2020-12-11
重要提示：本回单不作为收款方发货依据，并请勿重复记账

单据031-03：

江山市住房公积金收款收据

汇缴日期：2020-12-11　　　　　　　　　NO：20201211153932

缴款单位	江山市昌博车床有限责任公司	
收款项目	汇缴 2020 年 11 月公积金	
金 额	（大写）肆万玖仟捌佰壹拾元整	（小写）￥49,810.00

注：可以通过微信扫描收据上的二维码或者登录网厅的汇缴收据防伪查询验证收据真伪
防伪码：kBdhSw7gHGH3

打印时间： 2020-12-11 15:35:15　　　　　打印次数： 1　　　　柜员：庞小海

单据031-04：

中国工商银行 网上银行电子回单

电子回单号码：4406-4943-7139-5072

付款人	户名	昌博车床有限责任公司	收款人	户名	江山市住房公积金管理中心
	账号	0403123409000056708		账号	0403567809000012304
	开户银行	中国工商银行开平支行		开户银行	工商银行永乐路支行
金额		人民币（大写）：肆万玖仟捌佰壹拾元整 ￥49,810.00元			
摘要		往来款	业务（产品）种类		同行发报
用途		2020年11月份住房公积金			
交易流水号		98471169	时间戳		2020-12-11-9.45.10.471718

备注：往来款
附言：往来款 支付交易序号：66944543
报文种类：客户发起汇兑业务
委托日期：2020-12-11
业务类型(种类)：普通汇兑
验证码： 59j9jvGEpV7F3vTu181Av7VN225=

记账网点	00040300136	记账柜员	0023	记账日期	2020-12-11

如需校验回单，请点击：回单校验   打印日期：2020-12-11
重要提示：本回单不作为收款方发货依据，并请勿重复记账

单据032-01：

成品验收入库单

装配车间   2020年12月12日   编码：cp20121201

产品名称	规格型号	生产批号	单位	完工数量	合格数量
车床	P618	P20201112	台	15	15
车床	X240	X20201112	台	8	8

一联 车间留存

生产：李娜   质检：张吉书   仓库：王博

单据033-01：

中国工商银行电子缴税付款凭证

ICBC

转账日期：2020年12月12日　　　　　　　　　　　　　　凭证字号：30012020121287568

纳税人全称及纳税人识别号：130203723351146

付款人全称：	昌博车床有限责任公司		
付款人账号：	0403123409000056708	征收机关名称：	江山市开平区税务局
付款人开户银行：	中国工商银行开平支行	收款国库（银行）名称：	国家金库江山市开平支库
小写（合计金额）：	¥66,314.18	缴款书交易流水号：	41010-09695861994394040
大写（合计金额）：	人民币陆万陆仟叁佰壹拾肆元壹角捌分	税票号码：	5895861894458449697

税（费）种名称	税款属期	实缴金额
增值税	20201101-20201130	59209.09
城市维护建设税	20201101-20201130	4144.64
教育费附加	20201101-20201130	1776.27
地方教育附加	20201101-20201130	1184.18
个人所得税	20201101-20201130	0.00

第 1 次打印　　　　　　　　　　　　　　　　　　　　　　打印日期：2020年12月12日

此回单以客户真实交易为依据，可通过中国工商银行网站（www.icbc.com）校验真伪。电子回单可重复打印，请勿重复记账。

单据033-02：

中国工商银行 网上银行电子回单

电子回单号码：8412-1276-4501-9978

付款人	户名	昌博车床有限责任公司	收款人	户名	江山市开平税务局
	账号	0403123409000056708		账号	2566
	开户银行	中国工商银行开平支行		开户银行	国家金库江山市开平支库
金额		人民币(大写)：陆万陆仟叁佰壹拾肆元壹角捌分　¥66,314.18元			
摘要		往来款	业务（产品）种类		同行发报
用途		2020年11月份税费			
交易流水号		18126511	时间戳		2020-12-12-10.42.48.705675
备注		备注：往来款 附言：往来款　支付交易序号：　41456268 报文种类：客户发起汇兑业务 委托日期：　2020-12-12 业务类型(种类)：普通汇兑			
验证码		kq6KpI1Q6W4ZNOmIQJU72zwIvTq=			
记账网点	00040300136		记账柜员	0023	记账日期　2020-12-12

如需校验回单，请点击：回单校验　　　　　　　　　　　　打印日期：2020-12-12

重要提示：本回单不作为收款方发货依据，并请勿重复记账

单据 034-01：

付款申请书

2020 年 12 月 13 日

用途及情况	金额									收款单位：江山市渤海机床附件厂	
	仟	佰	拾	万	仟	佰	拾	元	角	分	账号：2379740300000853023
购货款		￥2	0	8	9	9	3	5	0		开户行：工商银行昌博路支行
金额（大写）合计：	贰拾万零捌仟玖佰玖拾叁元伍角零分										电汇：☐ 汇票：☐ 转账：✓
总经理	王义国	财务科			科长	王仅康		申请部门	科长	张吉发	
					会计	李晓玲			经办人	王功英	

单据 034-02：

中国工商银行
转账支票存根

20303316
36272570

附加信息

出票日期 2020 年 12 月 13 日
收款人：江山市渤海机床附件厂
金额：208,993.50 元
用途：货款
单位主管 王仅康 会计 李晓玲

单据035-01：

购销合同

供货单位（甲方）：本溪市大陆钢铁有限公司　　　　　合同编号：CG2020121301
购货单位（乙方）：昌博车床有限责任公司

根据《中华人民共和国合同法》及国家相关法律、法规之规定，甲乙双方本着平等互利的原则，就乙方购买甲方产品一事达成如下协议。

一、产品名称、数量、价格

货物名称	规格型号	计量单位	数量	单价（不含税）元	金额（不含税）元	税率
生铁		吨	50	2,900.00	145,000.00	13%
合计金额	大写人民币 壹拾肆万伍仟元整				145,000.00	13%

合同总金额（含税）：¥163,850.00元，大写人民币壹拾陆万叁仟捌佰伍拾元整。

二、货款结算

1. 付款方式：转账支票
2. 甲方开户行：工商银行西轧路支行　　　账号：4252130000000688062
3. 合同生效后2日内乙方预付货款20,000元，甲方开出增值税专用发票，并将货物分两批（12月16日和12月30日）送交乙方所在地。乙方验收合格后3日内付清全部货款。

三、发送方式及运费承担方式：卖方负责发货，买方承担运费。

四、违约责任

甲乙双方任何一方违约，违约方应按照国家有关法律、法规规定向守约方支付违约金；守约方有权向违约方追索由此引起的经济损失。

五、附则

本合同自双方签字、盖章之日起生效；本合同壹式贰份，甲乙双方各执壹份。

甲方（签章）：本溪市大陆钢铁有限公司　　　　乙方（签章）：昌博车床有限责任公司
代表（签字）：江有龙　　　　　　　　　　　　代表（签字）：王功英
地址：本溪市西轧路83号　　　　　　　　　　　地址：江山市开平区昌博路10号
电话：33158688　　　　　　　　　　　　　　　电话：2810366
2020年12月13日　　　　　　　　　　　　　　　2020年12月13日

单据035-02：

021001900302
438647052211

辽宁增值税专用发票　NO 11485151

021001900302
438647052211

开票日期：2020年12月13日

	名称：	昌博车床有限责任公司			密码区	51*691532203994+-42*06661/3* 0/611**+-60/*+3*641*/*+3+2/9 +66**6000*261*2*421**+*/*547 **066611216**+61166*+66666*
购买方	纳税人识别号：	130203723351146				
	地址、电话：	江山市开平区昌博路10号2810366				
	开户行及账号：	中国工商银行开平支行0403123409000056708				

货物或应税劳务、服务名称	规格型号	单位	数量	单价	金额	税率	税额
*铁*生铁		吨	50	2900	145000.00	13%	18850
合　计					¥ 145000		¥ 18850

价税合计（大写）：⊗壹拾陆万叁仟捌佰伍拾元整　　　（小写）¥ 163850.00

	名称：	本溪市大陆钢铁有限公司
销售方	纳税人识别号：	91210503688384622A
	地址、电话：	本溪市西轧路83号33158688
	开户行及账号：	工商银行西轧路支行4252130000000688062

收款人：季亚军　　复核：马子莲　　开票人：季亚军　　销售方：章

单据 035-03：

付款申请书

2020 年 12 月 13 日

用途及情况	金 额									收款单位：本溪市大陆钢铁有限公司
预付货款	仟	佰	拾	万	仟	佰	拾	元	角 分	账号：425213000000688062
				￥2	0	0	0	0	0 0	开户行：工商银行西轧路支行
金额（大写）合计：	贰万元整									电汇：☐ 汇票：☐ 转账：✓
总经理 王义国	财务科				科 长 王文康			申请部门		科 长 张吉发
					会 计 李晓玲					经办人 王功英

单据 035-04：

中国工商银行 网上银行电子回单

电子回单号码：0177-5662-3949-9985

付款人	户 名	昌博车床有限责任公司	收款人	户 名	本溪市大陆钢铁有限公司
	账 号	040312340900056708		账 号	425213000000688062
	开户银行	中国工商银行开平支行		开户银行	工商银行西轧路支行
金 额		人民币（大写）：贰万元整 ￥20,000.00元			
摘 要		往来款	业务（产品）种类		同行发报
用 途		预付货款			
交易流水号		53539295	时间戳		2020-12-13-9.56.13.756501
		备注：往来款 附言：往来款 支付交易序号：85368769 报文种类：客户发起汇兑业务 委托日期：2020-12-13 业务类型（种类）：普通汇兑			
		验证码： V702sdeOK375cajV3HX2AQcIQ8C=			
记账网点	00040300136		记账柜员	0023	记账日期 2020-12-13

如需校验回单，请点击：回单校验　　　　打印日期：2020-12-13
重要提示：本回单不作为收款方发货依据，并请勿重复记账。

单据035-05：

中国工商银行 网上银行电子回单

电子回单号码：0177-5662-3949-9985

付款人	户 名	昌博车床有限责任公司	收款人	户 名	**********
	账 号	0403123409000056708		账 号	**********
	开户银行	中国工商银行开平支行		开户银行	中国工商银行股份有限公司开平支行
金 额		人民币(大写)：柒元伍角 ￥7.50元			
摘 要		支付手续费	业务(产品)种类		对公收费
用 途					
交易流水号		53539295	时间戳		2020-12-13-9.56.13.756501
备注：		附言:往来款 支付交易序号： 85368769 报文种类:客户发起汇兑 业务 委托日期：2020-12-13 业务类型(种类):普通汇兑 原发报金额： ￥20,000.00元			
验证码：		V702sdeOK375cajV3HX2AQcIQ8C=			
记账网点	00040300136		记账柜员	03477	记账日期 2020-12-13

如需校验回单，请点击：回单校验　　　　　　　　　　　　　　　打印日期：2020-12-13

重要提示：本回单不作为收款方发货依据，并请勿重复记账

单据036-01：

购销合同

供货单位（甲方）：本溪市轧钢厂　　　　　　　　　　　合同编号：CG 2020121401
购货单位（乙方）：昌博车床有限责任公司

根据《中华人民共和国合同法》及国家相关法律、法规之规定，甲乙双方本着平等互利的原则，就乙方向甲方购买产品一事达成如下协议。

一、产品名称、数量、价格

货物名称	规格型号	计量单位	数量	单价(含税)元	金额(含税)元	税率
圆钢		吨	20	5,876.00	117,520.00	13%
合计金额	大写人民币	壹拾壹万柒仟伍佰贰拾元整			117,520.00	13%

二、货款结算
1. 付款方式：转账支票
2. 甲方开户行：工商银行西轧路支行　　　　　　账号：4635778300000223980
3. 合同生效后甲方开出增值税专用发票，并于2日内并将货物送到乙方所在地。乙方收货当日内付清全部货款。

三、发送方式及运费承担方式：卖方负责发货，买方承担运费。

四、违约责任
甲乙双方任何一方违约，违约方应按照国家有关法律、法规规定向守约方支付违约金；守约方有权向违约方追索由此引起的经济损失。

五、附则
本合同自双方签字、盖章之日起生效；本合同壹式贰份，甲乙双方各执壹份。

甲方（签章）：本溪市轧钢厂　　　　　　　　　乙方（签章）：昌博车床有限责任公司
代表（签字）：罗丰光　　　　　　　　　　　　代表（签字）：王功英
地址：本溪市西轧路42号　　　　　　　　　　　地址：江山市开平区昌博路20号
电话：3314662　　　　　　　　　　　　　　　 电话：2810366
2020 年 12 月 14 日　　　　　　　　　　　　　2020 年 12 月 14 日

单据036-02：

辽宁增值税专用发票 NO11780151

021001900302
438647052211

开票日期：2020年12月14日

购买方	名称：昌博车床有限责任公司 纳税人识别号：130203723351146 地址、电话：江山市开平区昌博路10号2810366 开户行及账号：中国工商银行开平支行0403123409000056708	密码区	216**+61166**066611*+66666* 60/*+3*0/611*+-641*/*+3+2/9 21**+*+66*6000*261*2*4/*547 2203994+-42*06651*6915361/3*

货物或应税劳务、服务名称	规格型号	单位	数量	单价	金额	税率	税额
*钢材*圆钢		吨	20	5200	104000.00	13%	13520
合 计					¥ 104000		¥ 13520

价税合计（大写）：⊗壹拾壹万柒仟伍佰贰拾元整　　（小写）¥ 117520.00

| 销售方 | 名称：本溪市轧钢厂
纳税人识别号：91210324723352156T
地址、电话：本溪市西轧路42号3314662
开户行及账号：工商银行西轧路支行4635778300000223980 | 备注 | |

收款人：　　复核：赵静　　开票人：赵静　　销售方：章

单据037-01：

昌博车床内部联络书

主 旨	关于铸造车间旧锅炉退役事宜			共 1 页	
发文单位	设备科	抄送		发文日期	2020.12.14
受文单位	铸造车间				
知 会	行政科、财务科、机修车间				

铸造车间旧锅炉，购置于2014年11月5日，该设备原值85,000.00元，预计使用年限6.5年，已计提折旧74,000.00元。因设备长期超负荷运转，故障频发，经多次维修，不堪再用。且新锅炉建设工程已经完工，今日验收后即将投入使用。经研究决定，铸造车间旧锅炉即日起退役，交设备科处理。

公司设备科
宋华文
2020.12.14

单据038-01：

成品验收入库单

装配车间　　　　2020 年 12 月 14 日　　　　编码：cp20121401

产品名称	规格型号	生产批号	单位	完工数量	合格数量
车床	P618	P20201124	台	9	9
车床	X240	X20201126	台	9	9

一联　车间留存

生产：李娜　　　　质检：张吉书　　　　仓库：王博

单据039-01：

固定资产验收交接单

No. 0140

固定资产名称	锅炉	验收日期	2020.12.15	使用部门	铸造车间
型号规格	25T	交接方式	自建完工	供应商	
固定资产编号	0226	安装地点	铸造车间	原始价值	67,000元

主要技术参数：

数量：1台
预计使用年限：6.5年
预计净残值率：2%
折旧方法：平均年限法

验收意见：

经检验，质量达到原设计要求，同意交付使用。

第二联 记账联

设备科主管：宋华文　　交验部门及主管：魏刚　　设备科验收：李金贝

单据040-01：

购销合同

供货单位（甲方）：江山市北江电机公司　　　　　　　　合同编号：CG 2020121501
购货单位（乙方）：昌博车床有限责任公司

根据《中华人民共和国合同法》及国家相关法律、法规之规定，甲乙双方本着平等互利的原则，就乙方购买甲方产品一事达成如下协议。

一、产品名称、数量、价格

货物名称	规格型号	计量单位	数量	单价(不含税)元	金额(不含税)元	税率
Y型电机	Y123M	台	40	1,490.00	59,600.00	13%
A型电机	AOB25	台	15	495.00	7425.00	13%
合计金额	大写人民币 陆万柒仟零贰拾伍元整				67,025.00	13%

合同总金额（含税）：¥75,738.25元，大写人民币柒万伍仟柒佰叁拾捌元贰角伍分。

二、货款结算
1. 付款方式：　转账支票
2. 甲方开户行：工商银行永乐路支行　　　　　账号：2379429100000407714
3. 合同生效后甲方开出增值税专用发票，并于2日内并将货物送到乙方所在地。乙方收货当日内付清全部货款。

三、发送方式及运费承担方式：卖方负责送货并承担运费。

四、违约责任
　甲乙双方任何一方违约，违约方应按照国家有关法律、法规规定向守约方支付违约金；守约方有权向违约方追索由此引起的经济损失。

五、附则
　本合同自双方签字、盖章之日起生效；本合同壹式贰份，甲乙双方各执壹份。

甲方（签章）：江山市北江电机公司　　　　　　乙方（签章）：昌博车床有限责任公司
代表（签字）：朴树明　　　　　　　　　　　　代表（签字）：王功英
地址：江山市永乐路28号　　　　　　　　　　　地址：江山市开平区昌博路10号
电话：2207899　　　　　　　　　　　　　　　　电话：2810366
2020 年 12 月 15 日　　　　　　　　　　　　　　2020 年 12 月 15 日

单据040-02：

01300190204
861282362451

河北增值税专用发票　No11051019

013001900204
861282362451

开票日期：2020年12月15日

购买方	名称	昌博车床有限责任公司			密码区	273066-42*51*69494+153261/3* *0/4561+-60/*+3*641*/1*+3+2/9 *26**261*2*42+61661**+*/*547 1031**66*+6**06221666+6116*		
	纳税人识别号	130203723351146						
	地址、电话	江山市开平区昌博路10号2810366						
	开户行及账号	中国工商银行开平支行0403123409000056708						

货物或应税劳务、服务名称	规格型号	单位	数量	单价	金额	税率	税额
*电机*Y型电机	Y123M	台	40	1490	59600.00	13%	7748
*电机*A型电机	AOB25	台	15	495	7425.00	13%	965.25
合　计					¥67025		¥8713.25
价税合计(大写)	◎柒万伍仟柒佰叁拾捌元贰角伍分				(小写) ¥75738.25		

销售方	名称	江山市北江电机公司	备注
	纳税人识别号	91004253214467366E	
	地址、电话	江山市永乐路28号2207899	
	开户行及账号	工商银行永乐路支行2379429100000407714	

收款人：张晓媛　　复核：佟林　　开票人：张晓媛　　销售方：章

第三联：发票联　购买方记账凭证

单据040-03：

货品签收单

发货日期	2020年12月15日		合同编号	CG2020121501		发货单号		BJ-201205
购货单位	名称	昌博车床有限责任公司				联系人		王功英
	地址	江山市开平区昌博路10号				联系电话		2810366
		发货信息（销货单位填写）				收货信息（购货单位填写）		
序号	货品名称		型号	单位	发货数量	签收数量		备注
1	Y型电机		Y123M	台	40	40		
2	A型电机		AOB25	台	15	15		
3								
4								
发票情况	11051019号发票随货送达					签收人签字	王功英	购货单位章
承运单位	卖方送货			运输方式		运费情况	卖方承担运费	
销货单位	名称	江山市北江电机公司				经手人		朴树明
	地址	江山市永乐路28号				联系电话		2207899

一联 购货方留存

单据040-04：

付款申请书

2020 年 12 月 15 日

用途及情况	金 额								收款单位：江山市北江电机公司
	仟	佰	拾	万	仟	佰	拾	元	角	分	账号：2379429100000407714
购货款			¥	7	5	7	3	8	2	5	开户行：工商银行永乐路支行
金额（大写）合计：	柒万伍仟柒佰叁拾捌元贰角伍分								电汇：✓ 汇票：☐ 转账：☐
总经理	王义国	财务科	科 长	王贝康	申请部门	科 长	张志成
			会 计	李晓玲		经办人	王功英

单据040-05：

单据 040-06：

中国工商银行进账单（回单）

2020 年 12 月 15 日

出票人	全称	昌博车床有限责任公司	收款人	全称	江山市北江电机公司
	账号	0403123409000056708		账号	2379429100000407714
	开户银行	中国工商银行开平支行		开户银行	工商银行永乐路支行

金额	人民币（大写）	柒万伍仟柒佰叁拾捌元贰角伍分	￥75738.25

票据种类	转账支票	票据张数	1
票据号码			

复核　　　记账

收款人开户银行盖章（中国工商银行 2020.12.15 业务受理）

此联是开户银行交给持票人的回单

单据 041-01：

购销合同

供货单位（甲方）：江山市前江轴承厂　　　合同编号：CG2020121502
购货单位（乙方）：昌博车床有限责任公司

根据《中华人民共和国合同法》及国家相关法律、法规之规定，甲乙双方本着平等互利的原则，就乙方购买甲方产品一事达成如下协议。

一、产品名称、数量、价格

货物名称	规格型号	计量单位	数量	单价（不含税）元	金额（不含税）元	税率
D462 轴承		套	224	226.25	50,680.00	13%
合计金额	大写人民币 伍万零陆佰捌拾元整				50,680.00	13%

合同总金额（含税）：￥57,268.40元，大写人民币伍万柒仟贰佰陆拾捌元肆角整。

二、货款结算
1. 付款方式：转账支票
2. 甲方开户行：工商银行昌博路支行　　　账号：2379605300000329836
3. 合同生效后甲方开出增值税专用发票，并于2日内并将货物送到乙方所在地。乙方收货后30日内付清全部货款。

三、发送方式及送费承担方式：卖方负责送货并承担运费。

四、违约责任
　　甲乙双方任何一方违约，违约方应按照国家有关法律、法规规定向守约方支付违约金；守约方有权向违约方追索由此引起的经济损失。

五、附则
　　本合同自双方签字、盖章之日起生效；本合同壹式贰份，甲乙双方各执壹份。

甲方（签章）：江山市前江轴承厂　　　　乙方（签章）：昌博车床有限责任公司
代表（签字）：周榕　　　　　　　　　　代表（签字）：王功英
地址：江山市昌博路97号　　　　　　　　地址：江山市开平区昌博路90号
电话：2816884　　　　　　　　　　　　电话：2810366
2020 年 12 月 15 日　　　　　　　　　　2020 年 12 月 15 日

单据041-02：

河北增值税专用发票 NO10272154

013001900204
614453331445

开票日期：2020年12月15日

购买方	名称	昌博车床有限责任公司	密码区	-42*51*69994+153220306661/3* +-60/*+3*641*/*0/45611**+3+2/9 *261*2*42+66**21661**+*/*547 0001**+61166*+6**066616666*		
	纳税人识别号	130203723351146				
	地址、电话	江山市开平区昌博路10号2810366				
	开户行及账号	中国工商银行开平支行0403123409000056708				

货物或应税劳务、服务名称	规格型号	单位	数量	单价	金额	税率	税额
*轴承*D462轴承		套	224	226.25	50680.00	13%	6588.40
合　计					￥50680		￥6588.4

价税合计（大写）　◎伍万柒仟贰佰陆拾捌元肆角整　（小写）￥57268.40

销售方	名称	江山市前江轴承厂	备注	30日内付清全部货款	
	纳税人识别号	91164465737785445Y			
	地址、电话	江山市昌博路97号2816884			
	开户行及账号	工商银行昌博路支行2379605300000329836			

收款人：　　复核：付大鹏　　开票人：林晓丽　　销售方：章

单据041-03：

货品签收单

发货日期	2020年12月15日	合同编号	CG2020121502	发货单号	QJ-201215
购货单位	名称	昌博车床有限责任公司		联系人	王功英
	地址	江山市开平区昌博路10号		联系电话	2810366

	发货信息（销货单位填写）				收货信息（购货单位填写）	
序号	货品名称	型号	单位	发货数量	签收数量	备注
1	D462轴承		套	224	224	
2						
3						
4						

发票情况	NO：10272154发票随货送达	签收人签字	王功英	购货单位章
承运单位	卖方送货	运输方式	运费情况	卖方承担运费
销货单位	名称	江山市前江轴承厂	经手人	周榜
	地址	江山市昌博路97号	联系电话	2816884

单据042-01：

货品签收单

发货日期	2020年12月16日	合同编号	CG2020121301	发货单号	DL-201205
购货单位	名称	昌博车床有限责任公司		联系人	王功英
	地址	江山市开平区昌博路10号		联系电话	2810366

发货信息					收货信息（购货单位填写）	
序号	货品名称	型号	单位	发货数量	签收数量	备注
1	生铁		吨	25	24.9	短缺0.1
2						
3						
4	短缺0.1吨原因：途中散失，董司机					

发票情况	13日开出并交付发票（NO.11485151）	签收人签字	王功英	购货单位章
承运单位	本溪市利达运输服务公司	运输方式	公路	运费情况	6750元，买方承担
销货单位	名称	本溪市大陆钢铁有限公司		经手人	江有龙
	地址	本溪市西轧路83号		联系电话	33158688

一联 购货方留存

单据042-02：

付款申请书

2020 年 12 月 16 日

用途及情况	金 额									收款单位：本溪市大陆钢铁有限公司
	仟	佰	拾	万	仟	佰	拾	元	角	分
购货款				¥8	1	9	2	5	0	0	账号：425213000000688062 开户行：工商银行西轧路支行

金额（大写）合计：	捌万壹仟玖佰贰拾伍元整	电汇：□	汇票：□	转账：✓
总经理 王义国	财务科 科长 王文康 会计 李晓玲	申请部门	科长 张志发 经办人 王功英

单据042-03：

中国工商银行 网上银行电子回单

电子回单号码：7310-3057-9612-5933

付款人	户 名	昌博车床有限责任公司	收款人	户 名	本溪市大陆钢铁有限公司
	账 号	0403123409000056708		账 号	4252130000000688062
	开户银行	中国工商银行开平支行		开户银行	工商银行西扎路支行
金 额		人民币(大写)：捌万壹仟玖佰贰拾伍元整 ￥81,925.00元			
摘 要		往来款	业务(产品)种类		同行发报
用 途		购生铁			
交易流水号		28988900	时间戳		2020-12-16-15.26.46.492362

备注：往来款
附言：往来款 支付交易序号： 78534377
报文种类：客户发起汇兑业务
委托日期：2020-12-16
业务类型(种类)：普通汇兑

验证码： IUc4HRo25NSGG53F15I49UTMtSY=

| 记账网点 | 00040300136 | 记账柜员 | 0023 | 记账日期 | 2020-12-16 |

打印日期：2020-12-16

如需校验回单，请点击：回单校验

重要提示：本回单不作为收款方发货依据，并请勿重复记账

单据042-04：

中国工商银行 网上银行电子回单

电子回单号码：7310-3057-9612-5933

付款人	户 名	昌博车床有限责任公司	收款人	户 名	
	账 号	0403123409000056708		账 号	*********
	开户银行	中国工商银行开平支行		开户银行	中国工商银行股份有限公司开平支行
金 额		人民币(大写)：壹拾元整 ￥10.00元			
摘 要		支付手续费	业务(产品)种类		对公收费
用 途					
交易流水号		28988900	时间戳		2020-12-16-15.26.46.492362

备注：
附言：往来款 支付交易序号： 78534377
报文种类：客户发起汇兑
业务 委托日期：2020-12-16 业务类型(种类)：普通汇兑
原发报金额： ￥81,925.00元

验证码： IUc4HRo25NSGG53F15I49UTMtSY=

| 记账网点 | 00040300136 | 记账柜员 | 03477 | 记账日期 | 2020-12-16 |

打印日期：2020-12-16

如需校验回单，请点击：回单校验

重要提示：本回单不作为收款方发货依据，并请勿重复记账

单据 042-05：

2100190021
625348592536

辽宁增值税专用发票 NO25563501

021001900217
625348592536

开票日期：2020年12月15日

购买方	名　称：	昌博车床有限责任公司						
	纳税人识别号：	130203723351146						
	地址、电话：	江山市开平区昌博路10号2810366						
	开户行及账号：	中国工商银行开平支行0403123409000056708						

密码区：
94+3+3*0/611+++0/+0*/*+3+2/9
66**061*11*+66661-1*+11366*
216***60-00*21*+61*2*4/*547
151*6203994+-42*64915361/3*

货物或应税劳务、服务名称	规格型号	单位	数量	单价	金额	税率	税额
*应税劳务*运输费		千米	600	10.3211	6192.66	9%	557.34
合　计					￥6192.66		￥557.34
价税合计（大写）	⊗陆仟柒佰伍拾元整				（小写）￥6750.00		

销售方	名　称：	本溪市利达运输服务有限公司
	纳税人识别号：	912105862238403668G
	地址、电话：	本溪市庆工路51号33553443
	开户行及账号：	工商银行庆工路支行4252130000000301226

备注：生铁25吨，本溪至唐山，汽车辽E2B815

收款人：　　复核：吴玲玲　　开票人：李俭　　销售方：章

单据 042-06：

付款申请书

2020 年 12 月 16 日

用途及情况	金　额								收款单位：本溪市利达运输服务有限公司
	仟	佰	拾	万	仟	佰	拾	元	角	分	账号：4252130000000301226
运　费				￥	6	7	5	0	0	0	开户行：工商银行庆工路支行
金额（大写）合计：	陆仟柒佰伍拾元整										电汇：□　汇票：□　转账：✓
总经理		财务科		科长	王月康		申请部门	科长	张志发
				会计	李晓玲			经办人	王少英

单据042-07：

中国工商银行 网上银行电子回单

电子回单号码：4608-7375-7632-4843

付款人	户 名	昌博车床有限责任公司	收款人	户 名	本溪市利达运输服务有限公司
	账 号	0403123409000056708		账 号	4252130000000301226
	开户银行	中国工商银行开平支行		开户银行	工商银行庆工路支行
金 额		人民币(大写)：陆仟柒佰伍拾元整 ￥6,750.00元			
摘 要		往来款	业务（产品）种类		同行发报
用 途		运费			
交易流水号		05595991	时间戳		2020-12-16-9.30.53.534794
		备注：往来款 附言：往来款 支付交易序号：41007531 报文种类：客户发起汇兑业务 委托日期：2020-12-16 业务类型(种类)：普通汇兑			
		验证码： RYO32kQ3sW9N8Z7G34H5264j5B6=			
记账网点	00040300136		记账柜员	0023	记账日期 2020-12-16

如需校验回单，请点击：回单校验　　　　打印日期：2020-12-16

重要提示：本回单不作为收款方发货依据，并请勿重复记账

单据042-08：

中国工商银行 网上银行电子回单

电子回单号码：4608-7375-7632-4843

付款人	户 名	昌博车床有限责任公司	收款人	户 名	
	账 号	0403123409000056708		账 号	*********
	开户银行	中国工商银行开平支行		开户银行	中国工商银行股份有限公司开平支行
金 额		人民币(大写)：伍元整 ￥5.00元			
摘 要		支付手续费	业务（产品）种类		对公收费
用 途					
交易流水号		05595991	时间戳		2020-12-16-9.30.53.534794
		备注： 附言：往来款 支付交易序号：41007531 报文种类：客户发起汇兑　　业务类型(种类)：普通汇兑 业务委托日期：2020-12-16 原发报金额：￥6,750.00元			
		验证码： RYO32kQ3sW9N8Z7G34H5264j5B6=			
记账网点	00040300136		记账柜员	03477	记账日期 2020-12-16

如需校验回单，请点击：回单校验　　　　打印日期：2020-12-16

重要提示：本回单不作为收款方发货依据，并请勿重复记账

单据042-09：

收款收据

2020 年 12 月 16 日　　　　　No 0002

今收到　本溪市利达运输服务有限公司

生铁途中丢失赔偿款

现金收讫

金额（大写）　佰　拾　万　⊗仟　叁　佰　贰　拾　柒　元　柒　角　零　分

￥：327.70元

核准 王为康　会计 李晓玲　记账　　出纳 冯玉敏　经手人 董司机

单据043-01：

货品签收单

发货日期	2020年12月2日		合同编号	2020121401		发货单号	ZG-201216	
购货单位	名称	昌博车床有限责任公司			联系人		王功英	
	地址	江山市开平区昌博路10号			联系电话		2810366	
		发货信息（销货单位填写）				收货信息（购货单位填写）		
序号	货品名称		型号	单位	发货数量	签收数量		备注
1	圆钢			吨	20	20.1		
2								
3								
4								
发票情况	已开，NO.11780151，随合同				签收人签字	王功英		购货单位章
承运单位	本溪市利达运输公司		运输方式	公路	运费情况	5400元运费，买方承担		
销货单位	名称	本溪市轧钢厂			经手人		吴安讯	
	地址	本溪市西轧路42号			联系电话		3314662	

一联　购货方留存

单据043-02：

付款申请书

2020 年 12 月 16 日

用途及情况	金 额										收款单位：本溪市轧钢厂
购货款	仟	佰	拾	万	仟	佰	拾	元	角	分	账号：4635778300000223980
	¥		1	1	7	5	2	0	0	0	开户行：工商银行西轧路支行
金额(大写)合计：	壹拾壹万柒仟伍佰贰拾元整										电汇：✓　汇票：□　转账：□
总经理 王义国	财务科				科长 王贝康					申请部门	科长 张志发
					会计 李晓玲						经办人 王功英

单据043-03：

中国工商银行 网上银行电子回单

电子回单号码：3016-1868-6911-6071

付款人	户 名	昌博车床有限责任公司	收款人	户 名	本溪市轧钢厂
	账 号	0403123409000056708		账 号	4635778300000223980
	开户银行	中国工商银行开平支行		开户银行	工商银行西轧路支行
金 额	人民币(大写)： 壹拾壹万柒仟伍佰贰拾元整				¥117,520.00元
摘 要	往来款		业务(产品)种类		同行发报
用 途	购圆钢				
交易流水号	40438011		时间戳		2020-12-16-13.45.18.280904
中国工商银行 电子回单 专用章	备注：往来款 附言：往来款 支付交易序号： 42772096 报文种类：客户发起汇兑业务 委托日期：2020-12-16 业务类型(种类)：普通汇兑				
	验证码：	4QH338EUFs94NyX4W57CHbYVISJ=			
记账网点	00040300136	记账柜员	0023	记账日期	2020-12-16

如需校验回单，请点击：回单校验　　　　　　　　　　　　打印日期：2020-12-16

重要提示：本回单不作为收款方发货依据，并请勿重复记账

单据 043-04：

中国工商银行　网上银行电子回单

电子回单号码：6152-0689-4981-3651

付款人	户 名	昌博车床有限责任公司	收款人	户 名	
	账 号	0403123409000056708		账 号	*********
	开户银行	中国工商银行开平支行		开户银行	中国工商银行股份有限公司开平支行
金 额		人民币(大写)：壹拾伍元整　￥15.00元			
摘 要		支付手续费	业务(产品)种类		对公收费
用 途					
交易流水号		10812919	时间戳		2020-12-16-14.32.25.887932

备注：
附言：往来款 支付交易序号： 46227238
报文种类：客户发起汇兑
业务 委托日期：2020-12-16 业务类型(种类)：普通汇兑
原发报金额： ￥117,520.00元

验证码： S9523F5Q1TNVQzJb00A739LPE08=

| 记账网点 | 00040300136 | 记账柜员 | 03477 | 记账日期 | 2020-12-16 |

如需校验回单，请点击：回单校验　　打印日期：2020-12-16

重要提示：本回单不作为收款方发货依据，并请勿重复记账

单据 043-05：

　　辽宁增值税专用发票　N025563502　　021001900217
2100190021　　　　　　　　　625348592536
625348592536

开票日期：2020年12月15日

	名 称：	昌博车床有限责任公司	密码区	94+3+3*0/611**+0/*+3+2/9
购买方	纳税人识别号：	130203723351146		66**061*11*+66661-1*+11366*
	地址、电话：	江山市开平区昌博路10号2810366		216***60-00*21**+61*2*4/*547
	开户行及账号：	中国工商银行开平支行0403123409000056708		151*6203994+-42*64915361/3*

货物或应税劳务、服务名称	规格型号	单位	数量	单价	金额	税率	税额
*应税劳务*运输费		千米	600	8.25688	4954.13	9%	445.87
合　计					￥4954.13		￥445.87

价税合计(大写)　⊗伍仟肆佰元整　　(小写)　￥5400.00

	名 称：	本溪市利达运输服务有限公司		
销售方	纳税人识别号：	91210586223840368G	备注	圆钢20吨，本溪至唐山，汽车辽E615U9
	地址、电话：	本溪市庆工路51号33553443		
	开户行及账号：	工商银行庆工路支行4252130000000301226		

收款人：　　复核：吴玲玲　　开票人：李俭　　销售方：章

单据043-06：

付款申请书

2020 年 12 月 16 日

用途及情况	金额									收款单位：本溪市利达运输服务有限公司
运费	仟	佰	拾	万	仟	佰	拾	元	角	分	账号：4252130000000301226
				¥	5	4	0	0	0	0	开户行：工商银行庆工路支行
金额（大写）合计：	伍仟肆佰元整										电汇 ✓　汇票 □　转账 □
总经理	财务科			科长	王月康			申请部门		科长 张志发 经办人 王功英
				会计	李晓玲					

单据043-07：

中国工商银行 网上银行电子回单

电子回单号码：7744-5384-2247-6879

付款人	户名	昌博车床有限责任公司	收款人	户名	本溪市利达运输服务有限公司
	账号	0403123409000056708		账号	4252130000000301226
	开户银行	中国工商银行开平支行		开户银行	工商银行庆工路支行
金额		人民币(大写)：伍仟肆佰元整　¥5,400.00元			
摘要		往来款	业务（产品）种类		同行发报
用途		运费			
交易流水号		35685945	时间戳		2020-12-16-12.50.55.544660
备注：往来款 附言：往来款　支付交易序号：　72563970 报文种类：客户发起汇兑业务 委托日期：2020-12-16 业务类型(种类)：普通汇兑					
验证码：		S7783RE2S9VkVR1YV9i840HHmUD=			
记账网点	00040300136	记账柜员	0023	记账日期	2020-12-16

如需校验回单，请点击：回单校验　　　　　　　打印日期：2020-12-16
重要提示：本回单不作为收款方发货依据，并请勿重复记账

单据043-08：

中国工商银行　网上银行电子回单

电子回单号码：0408-4507-4515-0509

付款人	户　名	昌博车床有限责任公司	收款人	户　名	
	账　号	0403123409000056708		账　号	*********
	开户银行	中国工商银行开平支行		开户银行	中国工商银行股份有限公司开平支行
金　额		人民币（大写）：伍元整　￥5.00元			
摘　要		支付手续费	业务（产品）种类		对公收费
用　途					
交易流水号		26657783	时间戳		2020-12-16-13.34.24.297553
备注		附言：往来款 支付交易序号：22658213 报文种类：客户发起汇兑 业务 委托日期：2020-12-16　业务类型（种类）：普通汇兑 原发报金额：￥5,400.00元			
验证码		Cf1CP4VojcIx7kfeR55QR6LUMGE=			
记账网点	00040300136	记账柜员	03477	记账日期	2020-12-16

如需校验回单，请点击：回单校验　　　　　　　　　　　　　打印日期：2020-12-16

重要提示：本回单不作为收款方发货依据，并请勿重复记账

单据044-01：

成交过户交割凭单　　卖

970266

股东编号：	A128463	成交证券：	科创股份
证券代码：	1286	成交数量：	305 股
公司编号：	731	成交价格：	100 元
申请编号：	251	成交金额：	30,500 元
申报时间：	10:30	标准佣金：	10 元
成交时间：	11:15	过户费用：	10 元
资金前余额：	80,000.00 元	印花税：	
资金余额：	110,360.00 元	其他费用：	
本证券前余额：	3,350 股	附加费用：	120 元
本次余额：	3,045 股	实际收付金额：	30,360 元

③ 通知联

经办单位：冀财证券江山营业部　客户：昌博车床有限责任公司　　日期　2020年12月16日

备注：资金划入专户中

单据045-01：

购销合同

供货单位（甲方）：江山市渤海机床附件厂 合同编号：CG2020121701
购货单位（乙方）：昌博车床有限责任公司

根据《中华人民共和国合同法》及国家相关法律、法规之规定，甲乙双方本着平等互利的原则，就乙方购买甲方产品一事达成如下协议。

一、产品名称、数量、价格

货物名称	规格型号	计量单位	数量	单价（不含税）元	金额（不含税）元	税率
R标准套件	R55	套	150	2,055.00	308,250.00	13%
合计金额	大写人民币 叁拾万捌仟贰佰伍拾元整。				308,250.00	13%

合同总金额（含税）：￥348,322.50元，大写人民币叁拾肆万捌仟叁佰贰拾贰元伍角整。

二、货款结算
1. 付款方式：银行承兑汇票
2. 甲方开户行：工商银行昌博路支行 账号：2379740300000853023
3. 合同生效后2日内甲方将货物送到乙方并开出增值税专用发票。乙方验收合格后3日内付清货款。

三、发送方式及运费承担方式：卖方负责送货并承担运费。

四、违约责任
甲乙双方任何一方违约，违约方应按照国家有关法律、法规规定向守约方支付违约金；守约方有权向违约方追索由此引起的经济损失。

五、附则
本合同自双方签字、盖章之日起生效；本合同壹式贰份，甲乙双方各执壹份。

甲方（签章）：江山市渤海机床附件厂   乙方（签章）：昌博车床有限责任公司
代表（签字）：刘怀台   代表（签字）：王功英
地址：江山市昌博路77号   地址：江山市开平区昌博路30号
电话：2834366   电话：2810366
2020 年 12 月 17 日   2020 年 12 月 17 日

单据045-02：

013001900204
311452811621

河北增值税专用发票   NO10453051
013001900204
311452811621

开票日期：2020年12月17日

	名称：	昌博车床有限责任公司				密码区	-42*51*69994*+153220306661/3* +-60/*+3*641*/*0/45611*+3+2/9 *261*2*42+66**21661**+*/*547 0001**+61166*+6**066616666*
购买方	纳税人识别号：	130203723351146					
	地址、电话：	江山市开平区昌博路10号2810366					
	开户行及账号：	中国工商银行开平支行0403123409000056708					

货物或应税劳务、服务名称	规格型号	单位	数量	单价	金额	税率	税额
*车床附件*R标准套件	R55	套	150	2055.00	308250.00	13%	40072.5
合计					¥ 308250		¥ 40072.5

价税合计（大写）：㊣叁拾肆万捌仟叁佰贰拾贰元伍角整   （小写）¥ 348322.50

	名称：	江山市渤海机床附件厂
销售方	纳税人识别号：	91130102103567423X
	地址、电话：	江山市昌博路77号2834366
	开户行及账号：	工商银行昌博路支行2379740300000853023

收款人：   复核：武军   开票人：刘莉   销售方：章

单据045-03：

货品签收单

发货日期	2020年12月17日		合同编号	CG2020121701		发货单号	BH-20121701	
购货单位	名称	昌博车床有限责任公司				联系人	王功英	
	地址	江山市开平区昌博路10号				联系电话	2810366	
	发货信息（销货单位填写）					收货信息（购货单位填写）		
序号	货品名称		型号	单位	发货数量	签收数量	备注	
1	R标准套件		R55	套	150	150		
2								
3								
4								
发票情况	随货到，NO.10453051				签收人签字	王功英	购货单位章	
承运单位	卖方送货		运输方式		运费情况	卖方承担		
销货单位	名称	江山市渤海机床附件厂				经手人	刘怀中	
	地址	江山市昌博路77号				联系电话	2834366	

一联 购货方留存

单据045-04：

付款申请书

2020 年 12 月 17 日

用途及情况	金额									收款单位：江山市渤海机床附件厂
购货款	仟	佰	拾万	仟	佰	拾	元	角	分	账号：2379740300000853023
	¥	3	4	8	3	2	2	5	0	开户行：工商银行昌博路支行
金额（大写）合计：	叁拾肆万捌仟叁佰贰拾贰元伍角									电汇 ☐ 汇票 ☑ 转账 ☐
总经理	王义国	财务科		科长	王贝康		申请部门	科长	张志发	
				会计	李晓玲			经办人	王功英	

单据045-05：

电子银行承兑汇票

出票日期	2020-12-17			票据状态	收票已签收		
汇票到期日	2021-03-17			票号	11021240029332020121722615354 1		
出票人	全称	昌博车床有限责任公司		收票人	全称	江山市渤海机床附件厂	
	账号	0403123409000056708			账号	2379740300000853023	
	开户银行	中国工商银行开平支行			开户银行	工商银行昌博路支行	
出票保证信息	保证人姓名：		保证人地址：			保证日期：	
票据金额	人民币（大写）	叁拾肆万捌仟叁佰贰拾贰元伍角				十亿千百十万千百十元角分 ￥3 4 8 3 2 2 5 0	
承兑人信息	全称	昌博车床有限责任公司		开户行行号	102124002933		
	账号	0403123409000056708		开户行名称	中国工商银行开平支行		
交易合同号	CG2020121701			承兑信息	出票人承诺：本汇票信息请予以承兑，到期无条件付款		
能否转让	可再转让				承兑人承诺：本汇票已经承兑，到期无条件付款		
					承兑日期		
承兑保证信息	保证人姓名：		保证人地址：			保证日期：	
评级信息（由出票、承兑人自己记载，仅供参考）	出票人	评级主体：		信用等级：		评级到期日：	
	承兑人	评级主体：		信用等级：		评级到期日：	
备注							

单据046-01：

领料申请单

领料部门：机修车间　　2020年12月17日　　申请单编号：20121701

编号	类别	物料名称	规格	单位	数量		备注
					请领	实发	
	辅助材料	油漆		千克	5		
	周转材料	螺丝		盒	3		
	周转材料	法兰盘		个	6		
	辅助材料	润滑油		千克	6		

用途	生产领料	领料部门		仓储部门	
		负责人	领料人	核准人	发料人
		王文西	宋林广	唐洪亮	孔祥军

第一联 存根

单据 046-02：

领料申请单

领料部门：装配车间　　2020年12月17日　　申请单编号：20121702

编号	类别	物料名称	规格	单位	数量 请领	数量 实发	备注
	辅助材料	润滑油		千克	4		
	周转材料	煤炭		金	10		

第一联 存根

用途	生产领料	领料部门		仓储部门	
		负责人	领料人	核准人	发料人
		周洁	刘海峰	李洪亮	孔祥军

单据 047-01：

成品验收入库单

装配车间　　2020年12月18日　　编码：CP20121801

产品名称	规格型号	生产批号	单位	完工数量	合格数量
车床	P618	P20201206	台	1	1
车床	X240	X20201206	台	1	1

一联 车间留存

生产：李娜　　质检：张吉书　　仓库：王博

单据 048-01：

购销合同

供货单位（甲方）：瓦房店市舜成轴承厂　　合同编号：CG2020121801
购货单位（乙方）：昌博车床有限责任公司

根据《中华人民共和国合同法》及国家相关法律、法规之规定，甲乙双方本着平等互利的原则，就乙方购买甲方产品一事达成如下协议。

一、产品名称、数量、价格

货物名称	规格型号	计量单位	数量	单价（不含税）元	金额（不含税）元	税率
D318轴承		套	300	345.00	103,500.00	13%
合计金额	大写人民币 壹拾万叁仟伍佰元整				103,500.00	13%

合同总金额（含税）：￥116,955.00元，大写人民币壹拾壹万陆仟玖佰伍拾伍元整。

二、货款结算
1. 付款方式：电汇
2. 甲方开户行：工商银行昌博路支行　　账号：2379605300000329836
3. 合同生效后甲方开出增值税专用发票，并于2日内并将货物送到乙方所在地。乙方收货后2日内与甲方结清往来账款。

三、发送方式及送费承担方式：卖方负责送货并承担运费。

四、违约责任
　　甲乙双方任何一方违约，违约方应按照国家有关法律、法规规定向守约方支付违约金；守约方有权向违约方追索由此引起的经济损失。

五、附则
　　本合同自双方签字、盖章之日起生效；本合同壹式贰份，甲乙双方各执壹份。

甲方（签章）：瓦房店市舜成轴承厂　　　　　乙方（签章）：昌博车床有限责任公司
代表（签字）：章建国　　　　　　　　　　　代表（签字）：王功英
地址：瓦房店市舜成路8号　　　　　　　　　地址：江山市开平区昌博路60号
电话：4336161　　　　　　　　　　　　　　电话：2810366
2020 年 12 月 18 日　　　　　　　　　　　　2020 年 12 月 18 日

单据048-02：

辽宁增值税专用发票 N010240014

2100190041
320641214452

021001900411
320641214452

开票日期：2020年12月18日

购买方	名　称	昌博车床有限责任公司				密码区	51*691532203994+-42*06661/3* 0/611*+-60/*+3*641*/*+3+2/9 +66**6000*261*2*421**+*/*547 **066611216**+61166*+66666*		
	纳税人识别号	130203723351146							
	地址、电话	江山市开平区昌博路10号2810366							
	开户行及账号	中国工商银行开平支行0403123409000056708							
货物或应税劳务、服务名称	规格型号	单位	数量	单价	金额	税率	税额
*轴承*D318轴承		套	300	345.00	103500.00	13%	13455
合　计					¥ 103500		¥ 13455
价税合计（大写）	⊗壹拾壹万陆仟玖佰伍拾伍元整				（小写） ¥ 116955.00		
销售方	名　称	瓦房店市舜成轴承厂			备注	
	纳税人识别号	91210219683554611T				
	地址、电话	瓦房店市舜成路6号3825750				
	开户行及账号	工商银行舜成路支行 1235256000000680930				

收款人：　　复核：崔洁　　开票人：包钢川　　销售方：章

单据049-01：

货品签收单

发货日期	2020年12月19日	合同编号	2020121801	发货单号	SC201219
购货单位	名称	昌博车床有限责任公司		联系人	王功英
	地址	江山市开平区昌博路10号		联系电话	2810366
发货信息（销货单位填写）				收货信息（购货单位填写）	
序号	货品名称	型号	单位	发货数量	签收数量	备注
1	D318轴承		套	300	300	
2						
3						
4						
发票情况	发票已开，NO.10240014，随合同			签收人签字	王功英	购货单位章
承运单位	卖方送货		运输方式		运费情况	卖方承担运费
销货单位	名称	瓦房店市舜成轴承厂		经手人	章建国
	地址	瓦房店市舜成路6号		联系电话	3825750

单据049-02：

中国工商银行 网上银行电子回单

电子回单号码：1218-9861-7370-4376

付款人	户　名	瓦房店市舜成轴承厂	收款人	户　名	昌博车床有限责任公司
	账　号	1235256000000680930		账　号	0403123409000056708
	开户银行	工商银行舜成路支行		开户银行	中国工商银行开平支行
金　额		人民币(大写)：叁仟零肆拾伍元整　￥3,045.00元			
摘　要		往来款	业务(产品)种类		同行收报
用　途					
交易流水号		73956218	时间戳		2020-12-19-16.11.53.879207

备注：往来款
附言：往来款 支付交易序号： 99853560
报文种类：客户发起汇兑业务
委托日期：2020-12-19
业务类型(种类)：普通汇兑

验证码： 5SnB3Ydv7MOFxT7P3KT88FVXK3N=

| 记账网点 | 00040300136 | 记账柜员 | 0047 | 记账日期 | 2020-12-19 |

如需校验回单，请点击：回单校验　　　　　　　打印日期：2020-12-19
重要提示：本回单不作为收款方发货依据，并请勿重复记账。

单据050-01：

领料申请单

领料部门：铸造车间　　2020年12月19日　　申请单编号：20121901

编号	类别	物料名称	规格	单位	数量 请领	数量 实发	备注
	主要材料	生铁		吨	15		生产P618车床
	主要材料	生铁		吨	7		生产X240车床
用途	生产领料			领料部门 负责人：王军辉　领料人：王小刚		仓储部门 核准人：李洪亮　发料人：王博	

第一联 存根

单据050-02：

领料申请单

领料部门：机加工车间　　2020年12月19日　　申请单编号：20121902

编号	类别	物料名称	规格	单位	数量 请领	数量 实发	备注
	主要材料	圆钢		吨	30		P618
	主要材料	圆钢		吨	13		X240
用途	生产领料			领料部门 负责人：龙刚　领料人：杨旭		仓储部门 核准人：李洪亮　发料人：王博	

第一联 存根

单据050-03：

领料申请单

领料部门：装配车间　　2020年12月19日　　申请单编号：20121903

编号	类别	物料名称	规格	单位	请领	实发	备注
	外购半成品	电机	Y123M	台	15		P618
	外购半成品	轴承	D318	套	300		P618
	外购半成品	标准件	R55	套	75		P618
	外购半成品	电机	A01325	台	8		X240
	外购半成品	轴承	D462	套	120		X240
	外购半成品	标准件	R55	套	16		X240
	周转材料	包装箱		个	10		车间耗用
用途	生产领料			领料部门 负责人：周洁　领料人：刘海峰		仓储部门 核准人：李洪亮　发料人：王博	

第一联　存根

单据051-01：

购销合同

供货单位（甲方）：昌博车床有限责任公司　　合同编号：XS2020122001
购货单位（乙方）：广州市新南机电设备有限公司

根据《中华人民共和国合同法》及国家相关法律、法规之规定，甲乙双方本着平等互利的原则，就乙方购买甲方产品一事达成如下协议。

一、产品名称、数量、价格

货物名称	规格型号	计量单位	数量	单价（不含税）元	金额（不含税）元	税率
车床	P618	台	30	59,200.00	1,776,000.00	13%
车床	X240	台	30	39,400.00	1,182,000.00	13%
合计金额	大写人民币　贰佰玖拾伍万捌仟元整				2,958,000.00	13%

合同总金额（含税）：¥3,342,540.00元，大写人民币叁佰叁拾肆万贰仟伍佰肆拾元整

二、货款结算
1. 付款方式：商业承兑汇票，一次付款，分三次发货，每次间隔10天。
2. 甲方开户行：中国工商银行开平支行　　账号：0403123409000056708
3. 合同生效后2日内甲方开出发票，乙方收到发票后2日内开出3个月期限的商业承兑汇票，甲方收到货款后2日内发出第一批货。

三、发送方式及运费承担方式：卖方负责发货，卖方承担运费。

四、违约责任
甲乙双方任何一方违约，违约方应按照国家有关法律、法规规定向守约方支付违约金；守约方有权向违约方追索由此引起的经济损失。

五、附则
本合同自双方签字、盖章之日起生效；本合同壹式贰份，甲乙双方各执壹份。

甲方（签章）：昌博车床有限责任公司　　　　　乙方（签章）：广州市新南机电设备有限公司
代表（签字）：刘晓青　　　　　　　　　　　　代表（签字）：樊思诺
地址：江山市开平区扁柏路10号　　　　　　　地址：广州市新南路22号
电话：2810366　　　　　　　　　　　　　　　电话：8769428
2020年12月20日　　　　　　　　　　　　　　2020年12月20日

单据051-02：

河北增值税专用发票　NO24338371

013001900204
529977080406

开票日期：2022年12月20日

购买方	名　　称：	广州市新南机电设备有限公司	密码区	67/*+3*0/611*++0/0*/*+3+2/9 *11*+66666**066611*+66666* 1**+216***6000*261*2*4/*547 203994+-42*64151*6915361/3*
	纳税人识别号：	91176575535455825T		
	地址、电话：	广州市新南路22号8769428		
	开户行及账号：	工商银行新南路支行1963198900000601638		

货物或应税劳务、服务名称	规格型号	单位	数量	单价	金额	税率	税额
*车床*P618		台	30	59200	1776000.00	13%	230880
*车床*X240		台	30	39400	1182000.00	13%	153660
合　计					¥ 2958000		¥ 384540

价税合计（大写）　◎叁佰叁拾肆万贰仟伍佰肆拾元整　　（小写）　¥ 3342540.00

销售方	名　　称：	昌博车床有限责任公司	备注	
	纳税人识别号	130203723351146		
	地址、电话：	江山市开平区昌博路10号2810366		
	开户行及账号：	中国工商银行开平支行0403123409000056708		

收款人：　　　复核：李晓玲　　开票人：冯玉敏　　销售方：章

单据051-03：

电子商业承兑汇票

出票日期	2020-12-20			票据状态：	收票已签		
汇票到期日	2021-03-20			票据号码：	2102581002142202012203546 54771		

出票人	全　称	广州市新南机电设备有限公司	收票人	全　称	昌博车床有限责任公司
	账　号	1963198900000601638		账　号	0403123409000056708
	开户银行	工商银行新南路支行		开户银行	中国工商银行开平支行

出票保证信息	保证人名称：	保证人地址：	保证日期：

票据金额	人民币（大写）叁佰叁拾肆万贰仟伍佰肆拾元整	十亿 千百十万 千百十元 角分 ¥　　　3 3 4 2 5 4 0 0 0

承兑人信息	全　称	广州市新南机电设备有限公司	开户行行号	102581002142
	账　号	1963198900000601638	开户行名称	工商银行新南路支行

交易合同号		承兑信息	出票人承诺：本汇票请予以承兑，到期无条件付款
能否转让	可再转让		承兑人承兑：本汇票已经承兑，到期无条件付款 承兑日期

承兑保证信息	保证人名称：	保证人地址：	保证日期：

评级信息（由出票人、承兑人自己记载，仅供参考）	出票人	评级主体：	信用等级：	评级到期日：
	承兑人	评级主体：	信用等级：	评级到期日：

单据051-04：

销售发货通知单

仓库：成品仓　　　　　　2020年12月20日　　　编码：fht2020122001

发货日期	2020-12-20	合同编号	XS2020122001	发货方式	送货
购货单位	名称	广州市新南机电设备有限公司		联系人	樊思诺
	地址	广州市新南路22号		联系电话	8769428

序号	货品名称	型号	单位	发货数量	备注
1	车床	P618	台	10	
2	车床	X240	台	10	
3					
4					

制单人签字：刘晓寿　　审核人签字：王张　　成品库经手人签字：王博

一联 销售科留存

单据051-05：

013001900204
425463781412

河北增值税普通发票　No27108126　　13001900211　425463781412

开票日期：2020年12月20日

购买方	名　称：	昌博车床有限责任公司		密码区	/61167/*+3*0*++0/*0*/*+3+2/9 **06661*11*+666661*+66666* 10*261**+216***600*2*4/*547 2031*69153994+-42*641561/3*
	纳税人识别号：	130203723351146			
	地址、电话：	江山市开平区昌博路10号 2810366			
	开户行及账号：	中国工商银行开平支行 0403123409000056708			

货物或应税劳务、服务名称	规格型号	单位	数量	单价	金额	税率	税额
*应税劳务*运输费		千米	2300	16.513761	37981.65	9%	3418.35
合　计					¥ 37981.65		¥ 3418.35

价税合计（大写）　　⊗肆万壹仟肆佰元整　　　　　（小写）　¥ 41400.00

销售方	名　称：	江山市通天运输有限公司
	纳税人识别号：	91213546565776892Q
	地址、电话：	江山市吉祥路21号 2845799
	开户行及账号：	工商银行吉祥路支行 2379437800000712874

备注：车床10台+10台 江山至广州 855669

收款人：　　　复核：董楠　　开票人：林淼　　销售方：章

单据052-01：

中国工商银行　网上银行电子回单

电子回单号码：2010-4604-0826-5389

付款人	户　名	江山市北江电机公司	收款人	户　名	昌博车床有限责任公司
	账　号	2379429100000407714		账　号	0403123409000056708
	开户银行	工商银行永乐路支行		开户银行	中国工商银行开平支行

金　额	人民币(大写)： 柒万玖仟贰佰元整　￥79,200.00元		
摘　要	往来款	业务（产品）种类	同行收报
用　途	银行承兑汇票到期承兑		
交易流水号	16671633	时间戳	2020-12-20-11.24.50.229734

备注：往来款
附言：往来款 支付交易序号： 42213032
报文种类：客户发起汇兑业务
委托日期： 2020-12-20
业务类型(种类)：普通汇兑

验证码： DmA337N61WRMPx6Wv4z9H046pDE=

| 记账网点 | 00040300136 | 记账柜员 | 0047 | 记账日期 | 2020-12-20 |

如需校验回单，请点击：回单校验　　　　　　　　　打印日期：2020-12-20
重要提示：本回单不作为收款方发货依据，并请勿重复记账

单据053-01：

中国工商银行　网上银行电子回单

电子回单号码：9143-8214-4253-2780

付款人	户　名	广州市新南机电设备有限公司	收款人	户　名	昌博车床有限责任公司
	账　号	1963198900000601638		账　号	0403123409000056708
	开户银行	工商银行新商路支行		开户银行	中国工商银行开平支行

金　额	人民币(大写)： 伍拾贰万元整　￥520,000.00元		
摘　要	往来款	业务（产品）种类	同行收报
用　途	11月20日车床款		
交易流水号	97317945	时间戳	2020-12-20-16.25.40.882197

备注：往来款
附言：往来款 支付交易序号： 46065296
报文种类：客户发起汇兑业务
委托日期： 2020-12-20
业务类型(种类)：普通汇兑

验证码： rVi1GB8u1U1oS0x5TQ6M6G11JL5=

| 记账网点 | 00040300136 | 记账柜员 | 0047 | 记账日期 | 2020-12-20 |

如需校验回单，请点击：回单校验　　　　　　　　　打印日期：2020-12-20
重要提示：本回单不作为收款方发货依据，并请勿重复记账

单据054-01：

物物交换合同

合同编号：WW2020122101

甲方：昌博车床有限公司
乙方：江山市万恒贸易有限公司

根据《中华人民共和国合同法》及国家相关法律、法规之规定，甲方与乙方本着平等互利的原则达成以下物物交换协议：

一、交换物品内容及补差价金额：
甲方物品：P618型车床，2台，全新成色，公允价值含税总额116,000元。
乙方物品：VMC650数控铣床，1台，全新成色，公允价值含税总额120,000元。
因甲方物品价值低于乙方，甲方需补差价4,000元。

二、双方责任：
在进行交换之前，双方已充分明确将会以自己的何种物品交换对方的何种物品。交换之前，双方必须仔细检查对方的货物，任何疑问应在交换之前提出。如果交换后双方发现物品出现问题，自行承担责任。

三、交换地点：昌博机床有限公司。

四、补差价付款方式：转账支票，于协议生效之日一次付清。

五、本合同自双方签字盖章之日起生效，双方物品所有权即发生交换。

六、本合同一式贰份，甲乙双方各执壹份。

甲方（签章）：昌博车床有限责任公司
代表（签字）：刘晓茹
地址：江山市开平区广博路10号
电话：2810366
2020 年 12 月 21 日

乙方（签章）：江山市万恒贸易有限公司
代表（签字）：沙在行
地址：江山市昌博路75号
电话：2864818
2020 年 12 月 21 日

单据054-02：

付款申请书

2020 年 12 月 21 日

用途及情况	金额									收款单位：江山市万恒贸易有限公司
	仟	佰	拾	万	仟	佰	拾	元	角	分
购货款				¥	4	0	0	0	0	0	账号：2379939500000665109
											开户行：工商银行昌博路支行
金额（大写）合计：肆仟元整										电汇：□ 汇票：□ 转账：✓

总经理		财务科	科长	王友康	申请部门	科长	张圭发
			会计	李晓玲		经办人	王功英

单据054-03：

中国工商银行 网上银行电子回单

电子回单号码：9262-7484-8403-3370

付款人	户 名	昌博车床有限责任公司	收款人	户 名	江山市万恒贸易有限公司
	账 号	0403123409000056708		账 号	2379939500000665109
	开户银行	中国工商银行开平支行		开户银行	工商银行昌博路支行
金 额		人民币(大写)：肆仟元整 ￥4,000.00元			
摘 要		往来款	业务(产品)种类		同行发报
用 途					
交易流水号		83951854	时间戳		2020-12-21-9.40.43.920289

备注：往来款
附言：往来款 支付交易序号：86574503
报文种类：客户发起汇兑业务
委托日期：2020-12-21
业务类型(种类)：普通汇兑

验证码：4xQVm0IU76S04CSX486DI92PrMs=

| 记账网点 | 00040300136 | 记账柜员 | 0023 | 记账日期 | 2020-12-21 |

如需校验回单，请点击：回单校验   打印日期：2020-12-21
重要提示：本回单不作为收款方发货依据，并请勿重复记账

单据054-04：

固定资产验收交接单

No. 0141

固定资产名称	数控铣床	验收日期	2020.12.21	使用部门	机加工车间
型号规格	VMC650	交接方式	购入	供应商	万恒贸易公司
固定资产编号	0227	安装地点	机加工车间	原始价值	106,194.69元

主要技术参数：
符合VMC650数控车床各项技术参数；
预计使用年限：6.5年
预计净残值：5%

验收意见：
经验收，符合预期技术指标，通过验收，交付使用。

设备科主管：宋华文   交验部门及主管：魏刚   设备科验收：秦金贝

第二联 记账联

单据054-05：

销售发货通知单

仓库：成品仓   2020年12月21日   编码：fht220122101

发货日期	12.21	合同编号	WW2020122101	发货方式	汽车
购货单位	名称	万恒贸易有限公司		联系人	沙在行
	地址	江山市		联系电话	2864818

序号	货品名称	型号	单位	发货数量	备注
1	车床	P618	台	2	
2					
3					
4					

制单人签字：刘晓寿   审核人签字：王强   成品库经手人签字：王博

第一联 销售科留存

单据054-06：

河北增值税专用发票 NO11310272

013001900204
614453331445

开票日期：2020年12月21日

购买方	名称	昌博车床有限责任公司				密码区	-42*51*69994+153220306661/3* +-60/*+3*641*/*0/45611*+3+2/9 *261*2*42+66**21661**+*/*547 0001**+61166*+6**066616666*
	纳税人识别号	130203723351146					
	地址、电话	江山市开平区昌博路10号2810366					
	开户行及账号	中国工商银行开平支行0403123409000056708					
货物或应税劳务、服务名称	规格型号	单位	数量	单价	金额	税率	税额
数控铣床		台	1	106194.69	106194.69	13%	13805.31
合计					¥106194.69		¥13805.31
价税合计（大写）	⊗ 壹拾贰万元整				（小写） ¥120000.00		
销售方	名称	江山市万恒贸易有限公司				备注	
	纳税人识别号	91130203480353674A					
	地址、电话	江山市昌博路75号2864818					
	开户行及账号	工商银行昌博路支行2379939500000665109					
收款人：		复核：付大鹏		开票人：林晓丽		销售方：享	

单据054-07：

河北增值税专用发票 NO24338372

013001900204
77080406

开票日期：2020年12月21日

购买方	名称	江山市万恒贸易有限公司				密码区	67/*+3*0/611*++0/+0*/*+3+2/9 *11+*66666**066611*+66666* 1**+216***6000*261*2*4/*547 203994+-42*64151*6915361/3*
	纳税人识别号	91130203480353674A					
	地址、电话	江山市昌博路75号2864818					
	开户行及账号	工商银行昌博路支行2379939500000665109					
货物或应税劳务、服务名称	规格型号	单位	数量	单价	金额	税率	税额
*车床*P618		台	2	58000.00	102654.87	13%	13345.13
合计					¥102654.87		¥13345.13
价税合计（大写）	壹拾壹万陆仟元整				（小写） ¥116000.00		
销售方	名称	昌博机床有限责任公司				备注	
	纳税人识别号	130203723351146					
	地址、电话	江山市开平区昌博路10号2810366					
	开户行及账号	中国工商银行开平支行0403123409000056708					
收款人：		复核：李晓玲		开票人：冯玉敏		销售方：享	

单据055-01：

中国工商银行　网上银行电子回单

电子回单号码：5039-9216-7824-1159

付款人	户　名	江山市永裕机床经销公司	收款人	户　名	昌博车床有限责任公司
	账　号	2379831000000763281		账　号	0403123409000056708
	开户银行	工商银行永乐路支行		开户银行	中国工商银行开平支行
金　额		人民币（大写）：壹拾陆万元整　￥160,000.00元			
摘　要		往来款	业务（产品）种类		同行收报
用　途		上月车床款			
交易流水号		76060881	时间戳		2020-12-22-15.26.47.800818

备注：往来款
附言：往来款　支付交易序号：87720982
报文种类：客户发起汇兑业务
委托日期：2020-12-22
业务类型（种类）：普通汇兑

验证码：1AszVE3JHFGYN4P28YRQLm77BvA=

| 记账网点 | 00040300136 | 记账柜员 | 0047 | 记账日期 | 2020-12-22 |

如需校验回单，请点击：回单校验　　　　　　打印日期：2020-12-22
重要提示：本回单不作为收款方发货依据，并请勿重复记账

单据056-01：

昌博车床内部联络书

主　旨	关于从成品仓库调出一台X240车床给机加工的决定	共1页
发文单位	设备科　　抄送　行政科	发文日期　2020.12.23
受文单位	仓储科、财务科	
知　会		

　　因生产需要，公司决定从2号成品库调出一台X240车床交给机加工作为生产设备。

　　请仓储科、机加工车间、财务科即日办理出库交接手续。

公司设备科
2020.12.23

单据056-02：

固定资产验收交接单

No. 0142

固定资产名称	车床	验收日期	2020.12.23	使用部门	机加工车间
型号规格	X240	交接方式	产品领用	供应商	
固定资产编号	0228	安装地点	机加工车间	原始价值	

主要技术参数：

符合X240车床各项技术参数标准。

预计使用年限：6.5年

同期商品平均售价：

同期产品单位成本：

预计净残值：5%

验收意见：

同生产需要，机加工车间从2号成品库领用一台X240车床做生产设备用。经验收合格，可投入使用。

设备科主管：宋华文　　交验部门及主管：魏刚　　设备科验收：李含贝

单据057-01：

013001901214

机器编号：619940403722

013001901214
619940403722

开票日期：2020年12月24日

购买方	名称	昌博车床有限责任公司	密码区	67/*+3*0/611*++0/+0*/*+3+2/9 *11+*66666**066611*+66666* 1**+216***6000*261*2*4/*547 203994+-42*64151*6915361/3*
	纳税人识别号	130203723351146		
	地址、电话	江山市开平区昌博路10号2810366		
	开户行及账号	中国工商银行开平支行0403123409000056708		

货物或应税劳务、服务名称	规格型号	单位	数量	单价	金额	税率	税额
*应税劳务*维修费		次	1	699.03	699.03	3%	20.97
合计					¥699.03		¥20.97
价税合计（大写）	◎柒佰贰拾元整				（小写）¥720.00		

销售方	名称	江山市伍阳电器维修部
	纳税人识别号	91130203725666456L
	地址、电话	江山市永乐路7号2337153
	开户行及账号	工商银行永乐路支行2379136000000795562

收款人：伍阳　　复核：　　开票人：王紫霞　　销售方：章

单据057-02：

付款申请书

2020 年 12 月 24 日

用途及情况	金 额								收款单位：江山市通天运输有限公司
运输费	仟	佰	拾	万	仟	佰	拾	元 角 分	账号：237943780000072874
				￥4	1	4	0	0 0 0	开户行：工商银行吉祥路支行

| 金额（大写）合计：肆万壹仟肆佰元整 | 电汇 □ | 汇票 □ | 转账 ✓ |

总经理	王义国	财务科	科长	王贝康	申请部门	科长	张志发
			会计	李晓玲		经办人	王功英

单据057-03：

中国工商银行进账单（ 回单 ） 1

2020 年 12 月 24 日

出票人	全称	昌博车床有限责任公司	收款人	全称	江山市通天运输有限公司
	账号	0403123409000056708		账号	237943780000072874
	开户银行	中国工商银行开平支行		开户银行	工商银行吉祥路支行

金额	人民币（大写）肆万壹仟肆佰元整	千百十万千百十元角分 ￥4 1 4 0 0 0 0

| 票据种类 | 转账支票 | 票据张数 | 1 |
| 票据号码 | | | |

中国工商银行 2020.12.24 业务受理

复核　　　记账　　　收款人开户银行盖章

此联是开户银行交给持票人的回单

单据057-04：

单据058-01：

单据058-02：

单据058-03：

单据058-04：

13001900204　　　　　　　　　　　　　　　发票 NO24001511　　013001900204
机器编码：　　　　　　　　　　　　　　　　　　　　　　　　　　670402752901
670402752901
　　　　　　　　　　　　　　　　　　　　　　　　　　　开票日期:2020年12月17日

	名称：	昌博车床有限责任公司				67/*+3*0/611*++0/+0*/*+3+2/9
购买方	纳税人识别号：	130203723351146				*11*+66666**066611*+66666*
	地址、电话：	江山市开平区昌博路10号2810366				1**+216***6000*261*2*4/*547
	开户行及账号：	中国工商银行开平支行 0403123409000056708				203994+-42*64151*6915361/3*

货物或应税劳务、服务名称	规格型号	单位	数量	单价	金额	税率	税额
*餐饮服务*餐饮费			1	1480	1480.00	0%	0
合　计					￥1480		￥0
价税合计(大写)	◎壹仟肆佰捌拾元整				(小写) ￥1480.00		

	名称：	江山市骥港美食城	
销售方	纳税人识别号：	91130203721944139S	备注
	地址、电话：	江山市骥港路61号2393555	
	开户行及账号：	工商银行骥港路支行2379761100000528063	

收款人： 马晶晶　　　复核：　　　开票人：马晶晶　　　销售方：章

单据058-05：

13001900204　　　　　　　　　　　　　　　发票 NO24001530　　013001900204
机器编码：　　　　　　　　　　　　　　　　　　　　　　　　　　670402752901
670402752901
　　　　　　　　　　　　　　　　　　　　　　　　　　　开票日期:2020年12月21日

	名称：	昌博车床有限责任公司				67/*+3*0/611*++0/+0*/*+3+2/9
购买方	纳税人识别号：	130203723351146				*11*+66666**066611*+66666*
	地址、电话：	江山市开平区昌博路10号2810366				1**+216***6000*261*2*4/*547
	开户行及账号：	中国工商银行开平支行 0403123409000056708				203994+-42*64151*6915361/3*

货物或应税劳务、服务名称	规格型号	单位	数量	单价	金额	税率	税额
*餐饮服务*餐饮费			1	1808	1808.00	0%	0
合　计					￥1808		￥0
价税合计(大写)	◎壹仟捌佰零捌元整				(小写) ￥1808.00		

	名称：	江山市骥港美食城	
销售方	纳税人识别号：	91130203721944139S	备注
	地址、电话：	江山市骥港路61号2393555	
	开户行及账号：	工商银行骥港路支行2379761100000528063	

收款人： 马晶晶　　　复核：　　　开票人：马晶晶　　　销售方：章

单据058-06：

付款申请书

2020 年 12 月 24 日

用途及情况	金 额										收款单位：江山市鹭港美家城
行政科招待费	仟	佰	拾	万	仟	佰	拾	元	角	分	账号：2379761100000528063
				¥	3	2	8	8	0	0	开户行：工商银行鹭港路支行
金额（大写）合计	叁仟贰佰捌拾捌元整							电汇： ☐		汇票： ☐	转账： ✓
总经理		财务科		科长	王贝康			申请部门	科长	张志发	
				会计	李晓玲				经办人	崔达	

单据059-01：

销项负数
013001900204
529977080406

河北增值税专用发票 N024338373

013001900204
529977080406

开票日期：2022年12月26日

购买方	名　称：	江山市北江电机公司				密码区	67/*+3*0/611*++0/+0*/*+3+2/9
	纳税人识别号：	91004253214467366E					*11*+66666**066611*+66666*
	地址、电话：	江山市永乐路28号2207899					1**+216***6000*261*2*4/*547
	开户行及账号：	工商银行永乐路支行2379429100000407714					203994+-42*64151*6915361/3*

货物或应税劳务、服务名称	规格型号	单位	数量	单价	金额	税率	税额
*车床*X240		台	-1	38700	-38700	13%	-5031
合　计					¥ -38700		¥ -5031
价税合计（大写）	⊗ 负肆万叁仟柒佰叁拾壹元整					（小写） ¥ -43731.00	

销售方	名　称：	昌博车床有限责任公司	
	纳税人识别号：	130203723351146	备注
	地址、电话：	江山市开平区昌博路10号2810366	
	开户行及账号：	中国工商银行开平支行0403123409000056708	

收款人：李晓玲　　复核：李晓玲　　开票人：冯玉敏　　销售方：（章）

单据 059-02：

销售退货签收单

购货单位：江山市北江电机公司　　2020 年 12 月 26 日　　编号：

货物编码	货物名称	规格型号	购买日期	合同编号	含税单价	退回数量	退货原因
	车床	X240	12.06	XS2020120601	43731	1台	质量问题

购货单位交货人签字：温鲁　　昌博机床有限责任公司（章）　　接货人签字：刘晓春

单据 060-01：

成品验收入库单

装配车间　　2020 年 12 月 27 日　　编码：CP20122701

产品名称	规格型号	生产批号	单位	完工数量	合格数量
车床	P618	P20201206	台	15	15
车床	X240	X20201206	台	8	8

一联 车间留存

生产：李娜　　质检：张吉书　　仓库：王博

单据 061-01：

中国工商银行　网上银行电子回单

电子回单号码：1884-6117-5947-6297

付款人	户名	昌博车床有限责任公司	收款人	户名	天津市宏泰轴承厂
	账号	0403123409000056708		账号	1963236900000184653
	开户银行	中国工商银行开平支行		开户银行	工商银行宏泰路支行
金额		人民币（大写）：肆万元整　￥40,000.00元			
摘要		往来款	业务（产品）种类		同行发报
用途		商业承兑汇票到期承兑			
交易流水号		94756903	时间戳		2020-12-27-13.45.30.883145
备注		往来款			
		附言：往来款 支付交易序号：35873478 报文种类：客户发起汇兑业务 委托日期：2020-12-27 业务类型(种类)：普通汇兑			
验证码		15U9jKS1POv0WX47iWTpEX6s6MC=			
记账网点	00040300136	记账柜员	0023	记账日期	2020-12-27

（中国工商银行 电子回单专用章）

如需校验回单，请点击：回单校验　　　　　打印日期：2020-12-27

重要提示：本回单不作为收款方发货依据，并请勿重复记账

单据061-02：

中国工商银行 网上银行电子回单

电子回单号码：1884-6117-5947-6297

付款人	户 名	昌博车床有限责任公司	收款人	户 名	
	账 号	0403123409000056708		账 号	*********
	开户银行	中国工商银行开平支行		开户银行	中国工商银行股份有限公司开平支行
金 额		人民币(大写)：壹拾伍元整 ￥15.00元			
摘 要		支付手续费	业务（产品）种类		对公收费
用 途					
交易流水号		94756903	时间戳		2020-12-27-13.45.30.883145

备注：
附言：往来款 支付交易序号： 35873478
报文种类：客户发起汇兑
业务 委托日期：2020-12-27　　业务类型(种类)：普通汇兑
原发报金额：￥40,000.00元

验证码： 15U9jKS1POv0WX47iWTpEX6s6MC=

| 记账网点 | 00040300136 | 记账柜员 | 03477 | 记账日期 | 2020-12-27 |

如需校验回单，请点击：回单校验　　　　　　　　　打印日期：2020-12-27
重要提示：本回单不作为收款方发货依据，并请勿重复记账

单据062-01：

付款申请书

2020 年 12 月 28 日

用途及情况	金　　额									收款单位：衡水市通用仪器厂
	仟	佰	拾	万	仟	佰	拾	元	角	分	
购货款			￥	5	4	9	0	0	0	0	账号：5134147500000123150
											开户行：工商银行衡通路支行
金额（大写）合计	伍拾肆万玖仟元整										电汇：□　汇票：□　转账：✓
总经理	王义国	财务科	科长	王贝康		申请部门	科长	张志发
			会计	李晓玲			经办人	王功英

单据062-02：

中国工商银行 网上银行电子回单

电子回单号码：6333-6134-2320-0146

付款人	户 名	昌博车床有限责任公司	收款人	户 名	衡水市通用仪器厂
	账 号	0403123409000056708		账 号	5134147500000123150
	开户银行	中国工商银行开平支行		开户银行	工商银行衡通路支行
金 额		人民币（大写）：伍拾肆万玖仟元整 ￥549,000.00元			
摘 要		往来款	业务（产品）种类		同行发报
用 途		11月28日购400台Y123M电机款			
交易流水号		18731748	时间戳		2020-12-28-13.40.39.582441
		备注：往来款 附言：往来款 支付交易序号： 41668358 报文种类：客户发起汇兑业务 委托日期：2020-12-28 业务类型（种类）：普通汇兑			
		验证码： JQ58MRaIgMSS7577D3jIJKW9gRO=			
记账网点		00040300136	记账柜员	0023	记账日期 2020-12-28

如需校验回单，请点击：回单校验　　　　　打印日期：2020-12-28
重要提示：本回单不作为收款方发货依据，并请勿重复记账

单据062-03：

中国工商银行 网上银行电子回单

电子回单号码：6333-6134-2320-0146

付款人	户 名	昌博车床有限责任公司	收款人	户 名	
	账 号	0403123409000056708		账 号	*********
	开户银行	中国工商银行开平支行		开户银行	中国工商银行股份有限公司开平支行
金 额		人民币（大写）：贰拾伍元整 ￥25.00元			
摘 要		支付手续费	业务（产品）种类		对公收费
用 途					
交易流水号		18731748	时间戳		2020-12-28-13.40.39.582441
		备注： 附言：往来款 支付交易序号： 41668358 报文种类：客户发起汇兑 业务 委托日期：2020-12-28　业务类型（种类）：普通汇兑 原发报金额： ￥549,000.00元			
		验证码： JQ58MRaIgMSS7577D3jIJKW9gRO=			
记账网点		00040300136	记账柜员	03477	记账日期 2020-12-28

如需校验回单，请点击：回单校验　　　　　打印日期：2020-12-28
重要提示：本回单不作为收款方发货依据，并请勿重复记账

单据 063-01：

江山市永裕机床经销公司受托代销清单

商品：P618 车床　　　　　受托日期：2020.12.25　　　　结算日期：2020.12.30
委托方：昌博车床有限责任公司　　　　　　受托数量：50 台　　　　结算数量：38 台

销售日期	销售数量（台）	销售单价（不含税）	销售金额（不含税）
2020.12.26	5	58,000.00	290,000.00
2020.12.27	8	58,000.00	464,000.00
2020.12.28	15	58,000.00	870,000.00
2020.12.29	8	58,000.00	464,000.00
2020.12.30	2	58,000.00	116,000.00
合　计	38	58,000.00	2,204,000.00

代销费（10%）：220,400.00 元　　　　　人民币（大写）：贰拾贰万零肆佰元整

制表人：王莹平　　　　　　　　　　　受托方：江山市永裕机床经销公司（章）

单据 063-02：

江山市永裕机床经销公司受托代销清单

商品：X240 车床　　　　　受托日期：2020.12.25　　　　结算日期：2020.12.30
委托方：昌博车床有限责任公司　　　　　　受托数量：50 台　　　　结算数量：35 台

销售日期	销售数量（台）	销售单价（不含税）	销售金额（不含税）
2020.12.26	5	38,200.00	191,000.00
2020.12.27	3	38,200.00	114,600.00
2020.12.28	15	38,200.00	573,000.00
2020.12.29	10	38,200.00	382,000.00
2020.12.30	2	38,200.00	76,400.00
合　计	35	38,200.00	1,337,000.00

代销费（10%）：133,700.00 元　　　　　人民币（大写）：壹拾叁万柒仟元整

制表人：王莹平　　　　　　　　　　　受托方：江山市永裕机床经销公司（章）

单据063-03：

013001900204
529977080406

河北增值税专用发票 NO24338374

013001900204
529977080406

开票日期：2022年12月30日

购买方	名　称：	江山市永裕机床经销公司				密码区	67/*+3*0/611*++0/+0*/*+3+2/9
	纳税人识别号：	91213545565776892Q					*11*+66666**066611*+66666*
	地　址、电话：	江山市永乐路98号2874388					1**+216***6000*261*2*4/*547
	开户行及账号：	工商银行永乐路支行2379831000000763281					203994+-42*64151*6915361/3*

货物或应税劳务、服务名称	规格型号	单位	数量	单价	金额	税率	税额
*车床*P618		台	38	58000	2204000.00	13%	286520
*车床*X240		台	35	38200	1337000.00	13%	173810
合　计					¥ 3541000		¥ 460330
价税合计（大写）	◎肆佰万零壹仟叁佰叁拾元整				（小写） ¥ 4001330.00		

销售方	名　称：	昌博车床有限责任公司	备注
	纳税人识别号：	130203723351146	
	地　址、电话：	江山市开平区昌博路10号2810366	
	开户行及账号：	中国工商银行开平支行0403123409000056708	

收款人：　　　复核：李晓玲　　　开票人：冯玉敏　　　销售方：章

单据064-01：

013001900204
425463781412

河北增值税专用发票 NO27108141

13001900211
425463781412

开票日期：2020年12月30日

购买方	名　称：	昌博车床有限责任公司				密码区	/61167/*+3*0++0/+0*/*+3+2/9
	纳税人识别号：	130203723351146					**06661*11*+666661+66666*
	地　址、电话：	江山市开平区昌博路10号2810366					10*261**+216***600*2*4/*547
	开户行及账号：	中国工商银行开平支行0403123409000056708					2031*69153994+-42*641561/3*

货物或应税劳务、服务名称	规格型号	单位	数量	单价	金额	税率	税额
*应税劳务*运输费		千米	2300	16.513761	37981.65	9%	3418.35
合　计					¥ 37981.65		¥ 3418.35
价税合计（大写）	◎肆万壹仟肆佰元整				（小写） ¥ 41400.00		

销售方	名　称：	江山市通天运输有限公司	备注：车床10台+10台，江山至广州，卡车冀B5313G
	纳税人识别号：	91213546565776892Q	
	地　址、电话：	江山市吉祥路21号2845799	
	开户行及账号：	工商银行吉祥路支行2379437800000712874	

收款人：　　　复核：董楠　　　开票人：林淼　　　销售方：章

单据064-02：

销售发货通知单

仓库：成品仓　　　　　2020年12月30日　　　　编码：fht220123001

发货日期	2020-12-30	合同编号	XS2020122001	发货方式	送货
购货单位	名称	广州市新南机电设备有限公司		联系人	樊思诺
	地址	广州市新南路22号		联系电话	8769428
序号	货品名称	型号	单位	发货数量	备注
1	车床	P618	台	10	
2	车床	X240	台	10	
3					
4					

制单人签字：刘晓寿　　　审核人签字：王强　　　成品库经手人签字：孔祥军

一联　销售科留存

单据065-01：

货品签收单

发货日期	2020年12月30日	合同编号	CG2020121301	发货单号	DL-201230
购货单位	名称	昌博车床有限责任公司		联系人	王功英
	地址	江山市开平区昌博路10号		联系电话	2810366
	发货信息			收货信息（购货单位填写）	
序号	货品名称	型号	单位	发货数量	签收数量	备注
1	生铁		吨	25	25	
2						
3						
4						
发票情况	13日开出并交付发票（NO.11485151）			签收人签字	王功英	购货单位章
承运单位	本溪市利达运输服务公司	运输方式	公路	运费情况	6750元，买方承担	
销货单位	名称	本溪市大陆钢铁有限公司		经手人	江有龙	
	地址	本溪市西轧路83号		联系电话	33158688	

一联　购货方留存

单据065-02：

付款申请书

2020 年 12 月 30 日

用途及情况	金额									收款单位：本溪市大陆钢铁有限公司
购货款	仟	佰	拾万	仟	佰	拾	元	角	分	账号：4252130000000688062
		¥	6	1	9	2	5	0	0	开户行：工商银行西轧路支行
金额（大写）合计：	陆万壹仟玖佰贰拾伍元整									电汇：☐　汇票：☐　转账：✓
总经理 王义国	财务科		科长 王月康				申请部门		科长 张喜发	
			会计 李晓玲						经办人 王功英	

单据065-03：

中国工商银行　网上银行电子回单

电子回单号码：3715-1987-1913-9132

付款人	户　名	昌博车床有限责任公司	收款人	户　名	本溪市大陆钢铁有限公司
	账　号	0403123409000056708		账　号	4252130000000688062
	开户银行	中国工商银行开平支行		开户银行	工商银行西轧路支行
金　额		人民币（大写）：陆万壹仟玖佰贰拾伍元整　¥61,925.00元			
摘　要		往来款	业务（产品）种类		同行发报
用　途		生铁款			
交易流水号		10485804	时间戳		2020-12-30-13.12.33.109124
备注：往来款 附言：往来款　支付交易序号：45769489 报文种类：客户发起汇兑业务 委托日期：2020-12-30 业务类型（种类）：普通汇兑					
验证码：		3DW773L6BVLBVn9kN9B6W709n5B=			
记账网点	00040300136	记账柜员	0023	记账日期	2020-12-30

如需校验回单，请点击：回单校验　　　　　　　　打印日期：2020-12-30
重要提示：本回单不作为收款方发货依据，并请勿重复记账。

单据065-04：

中国工商银行　网上银行电子回单

电子回单号码：0317-5008-0118-9720

付款人	户　名	昌博车床有限责任公司	收款人	户　名	*********
	账　号	0403123409000056708		账　号	*********
	开户银行	中国工商银行开平支行		开户银行	中国工商银行股份有限公司开平支行
金　额		人民币（大写）：壹拾捌元伍角捌分　¥18.58元			
摘　要		支付手续费	业务（产品）种类		对公收费
用　途					
交易流水号		01308201	时间戳		2020-12-30-11.41.56.803470
备注		附言：往来款　支付交易序号：78593761 报文种类：客户发起汇兑 业务委托日期：2020-12-30　业务类型(种类)：普通汇兑 原发报金额：¥61,925.00元			
验证码：		0C82y3DcBiA2MMUVWox17e0836B=			
记账网点		00040300136	记账柜员	03477	记账日期　2020-12-30

如需校验回单，请点击：回单校验　　　　　　　打印日期：2020-12-30

重要提示：本回单不作为收款方发货依据，并请勿重复记账

单据065-05：

辽宁增值税专用发票　　No025563533

021001900217　　　　　　　　　　　　　　　　　　　　021001900217
625348592536　　　　　　　　　　　　　　　　　　　　625348592536

开票日期：2020年12月29日

购买方	名　称	昌博车床有限责任公司	密码区	94+3+3*0/611*++0/+0*/*+3+2/9 66**061*11*+66661-*+11366* 216***60-00*21**+61*2*4/*547 151*6203994+-42*64915361/3*
	纳税人识别号	130203723351146		
	地址、电话	江山市开平区昌博路10号2810366		
	开户行及账号	中国工商银行开平支行0403123409000056708		

货物或应税劳务、服务名称	规格型号	单位	数量	单价	金额	税率	税额
*应税劳务*运输费		千米	600	10.3211	6192.66	9%	557.34
合　计					¥ 6192.66		¥ 557.34
价税合计（大写）		◎陆仟柒佰伍拾元整			（小写）¥ 6750.00		

销售方	名　称	本溪市利达运输服务有限公司	备注	生铁25吨，本溪至唐山，汽车辽E615U9
	纳税人识别号	91210586223840368G		
	地址、电话	本溪市庆工路51号33553443		
	开户行及账号	工商银行庆工路支行4252130000000301226		

收款人：　　　复核：吴玲玲　　　开票人：李俭　　　销售方：章

单据065-06：

付款申请书

2020 年 12 月 30 日

用途及情况	金额								收款单位：本溪市利达运输服务有限公司
	仟	佰	拾	万	仟	佰	拾	元	角	分	账号：425213000000301226
运费					¥	6	7	5	0	0	0	开户行：工商银行庆工路支行
金额（大写）合计：陆仟柒佰伍拾元整									电汇 ☐ 汇票 ☐ 转账 ✓
总经理	财务科	科长	王贝康	申请部门	科长	张志发
		会计	李晓玲		经办人	王功英

单据065-07：

中国工商银行 网上银行电子回单

电子回单号码：2395-7476-0413-2443

付款人	户名	昌博车床有限责任公司	收款人	户名	本溪市利达运输服务有限公司
	账号	0403123409000056708		账号	425213000000301226
	开户银行	中国工商银行开平支行		开户银行	工商银行庆工路支行
金额		人民币(大写)：陆仟柒佰伍拾元整 ￥6,750.00元			
摘要		往来款	业务（产品）种类		同行发报
用途		运费			
交易流水号		22274544	时间戳		2020-12-30-13.48.28.500662
备注：往来款 附言：往来款 支付交易序号： 49846034 报文种类：客户发起汇兑业务 委托日期：2020-12-30 业务类型(种类)：普通汇兑					
验证码：		r2EZ501642XWU6U86P7XW7c2ul4=			
记账网点	00040300136	记账柜员	0023	记账日期	2020-12-30

如需校验回单，请点击：回单校验　　　　　　　　　　　　打印日期：2020-12-30

重要提示：本回单不作为收款方发货依据，并请勿重复记账

单据065-08：

中国工商银行 网上银行电子回单

电子回单号码：2395-7476-0413-2443

付款人	户 名	昌博车床有限责任公司	收款人	户 名	
	账 号	0403123409000056708		账 号	*********
	开户银行	中国工商银行开平支行		开户银行	中国工商银行股份有限公司开平支行
金 额		人民币(大写)：伍元整 ￥5.00元			
摘 要		支付手续费	业务（产品）种类		对公收费
用 途					
交易流水号		22274544	时间戳		2020-12-30-13.48.28.500662
备注：附言：往来款 支付交易序号：49846034 报文种类：客户发起汇兑 业务 委托日期：2020-12-30　业务类型(种类)：普通汇兑 原发报金额：￥6,750.00元					
验证码：		r2EZ501642XWU6U86P7XW7c2ul4=			
记账网点		00040300136	记账柜员	03477	记账日期	2020-12-30

如需校验回单，请点击：回单校验　　　　　打印日期：2020-12-30
重要提示：本回单不作为收款方发货依据，并请勿重复记账

单据066-01：

13001900204　　　　　　　　　　　　　　河北增值税普通发票　　No20352193　　　　13001900204
36241030416　　　　　　　　　　　　　　　　　　　　　　　　　　　　　　　　　　36241030416

开票日期：2020年12月31日

购买方	名　称	昌博车床有限责任公司	密码区	0/+0*/*+3+2/9000*261*2*4/*547
	纳税人识别号	130203723351146		6611*+66*11*+66666**05666*1
	地址、电话	江山市开平区昌博路10号2810366		1**+216***667/*+3*0/611*++22
	开户行及账号	中国工商银行开平支行0403123409000056708		51*6915361203994+-42*641/3*

货物或应税劳务、服务名称	规格型号	单位	数量	单价	金额	税率	税额
*供水*自来水		吨	2032	5.5	11176.00	9%	1005.84
合　计					￥11176		￥1005.84

价税合计（大写）　◎壹万贰仟壹佰捌拾壹元捌角肆分　　　　　（小写）￥12181.84

销售方	名　称	江山市自来水有限公司	备注	
	纳税人识别号	91130204121412133C		
	地址、电话	江山市河茵路99号2857900		
	开户行及账号	工商银行河茵路支行2379812500000417722		

收款人：薛熙　　复核：韩廷华　　开票人：冯娜　　销售方：章

单据066-02：

中国工商银行　网上银行电子回单

电子回单号码：4531-0418-1874-5078

付款人	户名	昌博车床有限责任公司	收款人	户名	江山市自来水有限公司
	账号	0403123409000056708		账号	2379812500000417722
	开户银行	中国工商银行开平支行		开户银行	工商银行河茵路支行
金额		人民币(大写)：壹万贰仟壹佰捌拾壹元捌角肆分　￥12,181.84元			
摘要		往来款	业务(产品)种类		同行发报
用途		水费			
交易流水号		13810583	时间戳		2020-12-30-11.31.54.309219

备注：往来款
附言：往来款　支付交易序号：　51062313
报文种类：客户发起汇兑业务
委托日期：2020-12-30
业务类型(种类)：普通汇兑
验证码：FpOu79VAlXnBtJ55VrJCH09B350=

记账网点	00040300136	记账柜员	0023	记账日期	2020-12-30

（中国工商银行 电子回单专用章）

如需校验回单，请点击：回单校验　　　　打印日期：2020-12-30
重要提示：本回单不作为收款方发货依据，并请勿重复记账

单据066-03：

12月份水费分配表

受益对象	用水量/吨	分配率	分配金额
行政科	16		
财务科	22		
技术科	8		
设备科	8		
后勤科	530		
销售科	8		
供应科	9		
铸造车间生产耗用（P618）	635		
铸造车间生产耗用（X240）	258		
铸造车间一般耗用	428		
机加工车间一般耗用	40		
装配车间一般耗用	35		
机修车间	15		
配电车间	12		
仓储科	8		
合计	2,032		

单据066-04：

河北增值税专用发票 NO22883321

13001900204
557246990771

13001900204
57246990771

开票日期：2020年12月31日

购买方	名　称	昌博车床有限责任公司	密码区	361203994+-42*641/3*000*261*2 6691566**05666*1 6611*+66*11* 51*6915+-42*641/3*000*+6*4/*5 1**+216***667/*+3*0/611*++224		
	纳税人识别号	130203723351146				
	地址、电话	江山市开平区昌博路10号2810366				
	开户行及账号	中国工商银行开平支行0403123409000056708				
货物或应税劳务、服务名称	规格型号	单位	数量	单价	金额	税率	税额
*供电*电费		KWH	168928	0.628	106086.78	13%	13791.28
合　计					¥ 106086.78		¥ 13791.28
价税合计（大写）	⊗壹拾壹万玖仟捌佰柒拾捌元陆分				（小写）¥ 119878.06		
销售方	名　称	河北电网有限公司江山分公司	备注			
	纳税人识别号	91130203727762118C				
	地址、电话	江山市建设路2号2888808				
	开户行及账号	工商银行建设路支行2379427700000181564				

收款人：李正　　复核：商步启　　开票人：万清清　　销售方：

单据066-05：

中国工商银行　网上银行电子回单

电子回单号码：0620-0085-0300-0817

付款人	户　名	昌博车床有限责任公司	收款人	户　名	河北电网有限公司江山分公司
	账　号	0403123409000056708		账　号	2379427700000181564
	开户银行	中国工商银行开平支行		开户银行	工商银行建设路支行
金　额		人民币(大写)：壹拾壹万玖仟捌佰柒拾捌元零陆分　¥119,878.06元			
摘　要		往来款	业务（产品）种类		同行发报
用　途		电费			
交易流水号		44637586	时间戳		2020-12-30-10.15.36.424726
		备注：往来款 附言：往来款 支付交易序号：36439631 报文种类：客户发起汇兑业务 委托日期：　2020-12-30 业务类型（种类）：普通汇兑			
验证码		X5g9KsQX3ILHiVzu5N7TXUJMLp9=			
记账网点	00040300136	记账柜员	0023	记账日期	2020-12-30

如需校验回单，请点击：回单校验　　　　　　　　打印日期：2020-12-30

重要提示：本回单不作为收款方发货依据，并请勿重复记账

单据 066-06：

中国工商银行 网上银行电子回单

电子回单号码：7480-2139-8926-6097

付款人	户　名	昌博车床有限责任公司	收款人	户　名	江山市鹭港美食城
	账　号	0403123409000056708		账　号	2379761100000528063
	开户银行	中国工商银行开平支行		开户银行	工商银行鹭港路支行
金　额		人民币(大写)：叁仟贰佰捌拾捌元整　￥3,288.00元			
摘　要		往来款	业务（产品）种类		同行发报
用　途		餐费			
交易流水号		03265881	时间戳		2020-12-30-10.36.45.933019

备注：往来款
附言：往来款　支付交易序号：　38022557
报文种类：客户发起汇兑业务
委托日期：2020-12-30
业务类型(种类)：普通汇兑

验证码：　932tYL4VfuWr0047C6CK8tF33fY=

| 记账网点 | 00040300136 | 记账柜员 | 0023 | 记账日期 | 2020-12-30 |

如需校验回单，请点击：回单校验　　　　　　　　　　　　打印日期：2020-12-30
重要提示：本回单不作为收款方发货依据，并请勿重复记账

单据 067-01：

库存现金盘点表

盘点日期：2020 年 12 月 31 日　　　　　　　　　　　　　　　　　单位：元

面额	张/枚数	金额	面额	张/枚数	金额
壹佰元	42	4200.00	伍角	1	0.50
伍拾元			贰角	1	0.20
贰拾元			壹角		
拾元	1	10.00	伍元		
伍元			贰元		
贰元			壹元		
壹元	7	7.00	合计		
加：收入凭证未记账					
减：付出凭证未记账					
加：跨日收入					
减：跨日借条					
调整后现金余额					4317.70
实点现金					4217.70
差额					-100.00
备注：库存现金短款壹佰元整实属出纳员汤玉敏保管不善所致，经协商由其本人全额赔偿。					

出纳：汤玉敏　　　　　　监盘：李晓玲　　　　　　盘点：汤玉敏

单据068-01：

库存材料实存账存对比表

仓库：材料库　　　　盘点日期：2020年12月31日　　　　单位：元

材料名称	规格	单位	账存数量	实存数量	溢溢/损耗 数量	单价	金额	溢损原因
勾扳手		个			-1			保管不善
法兰盘		个			-2			保管不善

负责人：秦洪亮　　　监盘：孔祥军　　　保管：王博　　　制单：高贵

（注：单据中空缺的账存数量、实存数量、单价、金额由学生依据实训数据填写）

单据068-02：

昌博车床内部联络书

主　旨	关于库存材料盘亏的处理决定		共 1 页	
发文单位	行政科	抄送	发文日期	2020.12.31
受文单位	仓储科、财务科			
知　会				

12月31日，仓储科盘点库存材料时发现以下物品盘亏问题：

勾扳手：实存____个，账存____个，丢失1个，价值_____元。

法兰盘：实存____个，账存____个，丢失2个，价值_____元。

经查，以上物品盘亏实属保管人员孔祥军、王博保管不善所致，损失由其二人均摊赔偿。

昌博车床有限责任公司行政科
2020.12.31

（注：单据中空缺的账存数量、实存数量、价值由学生依据实训数据填写）

单据 073-01：

12月份工资变动数

姓名	基本工资	综合奖	津贴	交补	请假扣款	应发额
李晓玲	3,800.00	1,400.00		80.00	38.00	5,242.00
孔祥军	3,800.00	1,400.00		80.00	38.00	5,242.00
王小刚	3,800.00	1,400.00		80.00	38.00	5,242.00
赵钢	3,800.00	1,400.00		80.00	76.00	5,204.00
杨欢	3,800.00	1,400.00		80.00	76.00	5,204.00
冯殿功	3,800.00	1,400.00		80.00	76.00	5,204.00

单据 080-01：

12月份电费分配表

受益对象	用电量/KWH	分配率	分配金额
行政科	1,300		
财务科	1,400		
技术科	1,300		
设备科	1,200		
后勤科	2,560		
销售科	1,200		
供应科	1,200		
铸造车间生产耗用（P618）	53,300		
铸造车间生产耗用（X240）	21,150		
铸造车间一般耗用	52,575		
机加工车间一般耗用	12,698		
装配车间一般耗用	7,060		
仓储科	1,300		
合计	158,243		

单据 080-02：

12月份机修费用分配表

受益对象	维修工时/小时	分配率	分配金额
设备科	10		
后勤科	15		
铸造车间	60		
机加工车间	120		
装配车间	50		
仓储科	10		
合计	265		

单据096-01：

财务指标（杜邦）分析表

项目	标准财务比率	企业财务比率	差异
流动比率	2.20		
速动比率	1.35		
应收账款周转率	2.00		
总资产周转率	0.30		
资产负债率	0.20		
产权比率	1.00		
有形净值债务率	0.50		
获取利息倍数	200.00		
销售毛利率	0.50		
销售净利率	0.26		
资产报酬率	0.24		
权益报酬率	0.15		

第五章 实训过程记录

实训过程记录是引导学生在实训过程中以规范化的方式逐笔梳理业务脉络，识别业务内容，把复杂的业务流程分解为基本操作步骤，并记录所遇问题及解决过程的结构化表格工具。借此可培养学生严谨的工作作风和专业规范的业务技能。

实训过程记录包括业务情景、业务单据、业务关联、处理步骤、遇到问题、解决过程，如表5-1所示。

（1）业务情景：对本笔业务发生情景和具体内容进行简要描述。它代表了学生对业务的初步理解和判断，学生应在此基础上结合相关单据进一步理解该业务的完整内涵。

（2）业务单据：说明该笔业务中所涉及的原始单据的名称和数量，可依业务编号在第四章"业务单据"中查询阅读具体单据内容。

（3）业务关联：要求学生依据对该业务内容的完整理解，填写该笔业务与其他业务（包括期初资料）的关联。

（4）处理步骤：要求学生在准确把握业务内涵和关联的基础上，运用职业判断能力，填写该业务在系统中的处理分工与操作步骤，从而把复杂的业务流程分解为基本的操作步骤。

（5）遇到问题：要求学生描述在该业务处理过程中所遇到的疑难问题。

（6）解决过程：要求学生记录下上述疑难问题的解决过程。

> **提示**：在实训过程记录中，中国工商银行用"工行"简称。产品销售合同和采购合同均采用"购销合同"格式。实训完成后，最终成绩在附录部分的"实训成绩评定表"呈现。

表 5-1　实训过程记录

业务 001	业务日期：12 月 01 日	
业务情景	根据产品销售合同（合同编号：XS2020112501）开出销售专用发票（NO：24338367）	
业务单据	销售专用发票（1 张）	
业务关联		
处理步骤		
遇到问题		
解决过程		
业务 002	业务日期：12 月 01 日	
业务情景	供应科王功英与本溪市大陆钢铁有限公司签订采购合同（合同编号：CG2020120101）；网银转账预付部分货款	
业务单据	采购合同（1 张）、付款申请书（1 张）、工行电子银行回单（2 张）	
业务关联		
处理步骤		
遇到问题		
解决过程		

续表

业务003		业务日期：12月02日
业务情景	供应科王功英报销采购专用发票；为供应科补足备用金	
业务单据	采购专用发票（1张）、收款收据（1张）、借款单（1张）	
业务关联		
处理步骤		
遇到问题		
解决过程		

业务004		业务日期：12月02日
业务情景	收到本溪市轧钢厂按照采购合同（合同编号：CG2020112101）发来圆钢及采购专用发票（NO：11780133）、采购（运费）专用发票（NO：25563481）；全部验收合格入库；通过网银转账支付运费	
业务单据	采购专用发票（1张）、采购（运费）专用发票（1张）、货品签收单（1张）、付款申请书（1张）、工行电子银行回单（2张）	
业务关联	往来冲销	
处理步骤		
遇到问题		
解决过程		

续表

业务005		业务日期：12月03日
业务情景	供应科王功英与江山市永裕机床经销公司签订采购合同（合同编号：CG2020120301），钻床当日运到并在机加工车间进行安装调试，收到采购专用发票（NO：27331628）	
业务单据	采购合同（1张）、采购专用发票（1张）	
业务关联		
处理步骤		
遇到问题		
解决过程		
业务006		业务日期：12月03日
业务情景	机加工车间报废旧钻床一台，有变价收入	
业务单据	固定资产报废单（1张）、销售普通发票（1张）	
业务关联		
处理步骤		
遇到问题		
解决过程		

续表

业务 007		业务日期：12月03日
业务情景	收到江山市前江轴承厂根据采购合同（合同编号：CG2020112301）开出的采购专用发票（NO：10272113）和轴承，验收入库。以网银转账方式付清欠款	
业务单据	采购专用发票（1张）、货品签收单（1张）、付款申请书（1张）、工行电子银行回单（1张）	
业务关联	单到回冲上月暂估入库的轴承	
处理步骤		
遇到问题		
解决过程		
业务 008		业务日期：12月04日
业务情景	收到天津宏泰轴承厂依照采购合同（合同编号：CG2020112701）补发轴承，验收入库。出纳按照11月27日发票（NO：11671411）网银转账支付货款	
业务单据	货品签收单（1张）、付款申请书（1张）、工行电子银行回单（2张）	
业务关联		
处理步骤		
遇到问题		
解决过程		

续表

业务009		业务日期：12月04日
业务情景	装配车间产品完工，验收入库。经手人李娜	
业务单据	成品验收入库单（1张）	
业务关联		
处理步骤		
遇到问题		
解决过程		
业务010		业务日期：12月04日
业务情景	张圭发报销差旅费；销售科刘晓寿报销探亲假差旅费	
业务单据	差旅费报销单（2张）	
业务关联		
处理步骤		
遇到问题		
解决过程		

续表

业务011		业务日期：12月05日
业务情景	机加工车间新购数控钻床安装调试完毕，经验收合格投入使用。支付价款	
业务单据	固定资产验收交接单（1张）、付款申请书（1张）、工行转账支票存根（1张）	
业务关联		
处理步骤		
遇到问题		
解决过程		

业务012		业务日期：12月05日
业务情景	收到本溪市大陆钢铁有限公司根据采购合同（合同编号：CG2020120101）发来生铁20吨，经验收全部合格入库	
业务单据	货品签收单（1张）	
业务关联		
处理步骤		
遇到问题		
解决过程		

续表

业务013		业务日期：12月05日
业务情景	供应科王功英与江山市渤海机床附件厂签订采购合同（合同编号：CG2020120501），当日到货并收到采购专用发票（NO：10453036）。经验收90个合格入库，拒收10个	
业务单据	采购合同（1张）、采购专用发票（1张）、货品签收单（1张）	
业务关联		
处理步骤		
遇到问题		
解决过程		

业务014		业务日期：12月06日
业务情景	刘晓寿与江山市北江电机公司签订产品销售合同（合同编号：XS2020120601），开出销售专用发票	
业务单据	产品销售合同（1张）、销售专用发票（1张）	
业务关联		
处理步骤		
遇到问题		
解决过程		

续表

业务 015		业务日期：12 月 06 日
业务情景	基本生产车间领料	
业务单据	领料申请单（3 张）	
业务关联	"20120603"申请单中的 D462 轴承和 R55 标准件库存不足，先按实际存量出库，购入后补齐	
处理步骤		
遇到问题		
解决过程		

业务 016		业务日期：12 月 06 日
业务情景	装配车间发现领用的 D318 轴承中有 72 套存在质量问题，与材料库进行退换。经手人贾力	
业务单据	内部联络书（1 张）	
业务关联		
处理步骤		
遇到问题		
解决过程		

续表

业务017		业务日期：12月07日
业务情景	经查，72套存在质量问题的轴承来自天津宏泰轴承厂。采购部门与天津宏泰沟通达成处理协议	
业务单据	产品质量问题处理协议（1张）	
业务关联		
处理步骤		
遇到问题		
解决过程		
业务018		业务日期：12月08日
业务情景	收到本溪市大陆钢铁有限公司的采购专用发票（NO：11485130）	
业务单据	采购专用发票（1张）	
业务关联		
处理步骤		
遇到问题		
解决过程		

续表

业务019		业务日期：12月07日
业务情景	收到江山市渤海机床附件厂采购专用发票（销项负数）	
业务单据	采购专用发票（销项负数）（1张）	
业务关联		
处理步骤		
遇到问题		
解决过程		

业务020		业务日期：12月07日
业务情景	销售给衡水市富达汽车配件厂车床，开出增值税专用发票，收到货款，当即发货	
业务单据	销售专用发票（1张）、工行电子银行回单（1张）、销售发货通知单（1张）	
业务关联		
处理步骤		
遇到问题		
解决过程		

续表

业务021		业务日期：12月07日
业务情景	发放劳保用品，车间领料	
业务单据	领料申请单（3张）	
业务关联		
处理步骤		
遇到问题		
解决过程		
业务022		业务日期：12月07日
业务情景	依照产品销售合同（合同编号：XS2020120601）给江山市北江电机公司发货，收到3月期银行承兑汇票	
业务单据	销售发货通知单（1张）、电子银行承兑汇票（1张）	
业务关联		
处理步骤		
遇到问题		
解决过程		

续表

业务 023		业务日期：12 月 08 日
业务情景	网银转账支付上海市申特带钢厂货款，优惠 4%	
业务单据	付款申请书（1 张）、工行电子银行回单（2 张）	
业务关联		
处理步骤		
遇到问题		
解决过程		

业务 024		业务日期：12 月 08 日
业务情景	供应科通知仓库向天津宏泰轴承厂发出退货：D318 轴承 72 套	
业务单据	内部联络书（1 张）	
业务关联	红字材料入库单	
处理步骤		
遇到问题		
解决过程		

续表

业务 025		业务日期：12月09日
业务情景	刘晓寿与江山市永裕机床经销公司签订委托代销合同（合同编号：XS2020120901），并根据合同全部发货	
业务单据	委托代销合同（1张）、销售发货通知单（1张）	
业务关联		
处理步骤		
遇到问题		
解决过程		
业务 026		业务日期：12月09日
业务情景	支付本月短期借款利息	
业务单据	增值税普通发票（1张）、付款申请书（1张）、工行电子银行回单（1张）	
业务关联		
处理步骤		
遇到问题		
解决过程		

续表

业务 027		业务日期：12月10日
业务情景	刘晓寿与保定市宇翔机电公司签订分 3 期收款产品销售合同（合同编号：XS2020121001），开出销售专用发票并发货，当日收到第一期货款	
业务单据	产品销售合同（1张）、销售专用发票（1张）、销售发货通知单（1张）、工行电子银行回单（1张）	
业务关联		
处理步骤		
遇到问题		
解决过程		

业务 028		业务日期：12月10日
业务情景	通过银行发放11月份职工薪酬	
业务单据	付款申请书（1张）、工行转账支票存根（1张）、特色业务中国工商银行批量代付成功清单（1张）	
关联业务		
处理步骤		
遇到问题		
解决过程		

续表

业务 029	业务日期：12月11日
业务情景	收到天津宏泰轴承厂退款及红字发票
业务单据	采购专用发票（负数）(1张)、工行电子银行回单（1张）
业务关联	
处理步骤	
遇到问题	
解决过程	

业务 030	业务日期：12月11日
业务情景	根据采购合同（合同编号：CG2020120101）开出3月期商业承兑汇票付前欠货款
业务单据	电子商业承兑汇票（1张）
业务关联	
处理步骤	
遇到问题	
解决过程	

续表

业务 031		业务日期：12月11日
业务情景	缴纳上月企业社会保险费用和住房公积金	
业务单据	工行电子缴税付款凭证（1张）、住房公积金收款收据（1张）、工行电子银行回单（付款）（2张）	
业务关联		
处理步骤		
遇到问题		
解决过程		
业务 032		业务日期：12月12日
业务情景	装配车间产品完工，验收入库。经手人李娜	
业务单据	成品验收入库单（1张）	
业务关联		
处理步骤		
遇到问题		
解决过程		

续表

业务033		业务日期：12月12日
业务情景	缴纳税费	
业务单据	工行电子缴税付款凭证（1张）、工行电子银行回单（付款）（1张）	
业务关联		
处理步骤		
遇到问题		
解决过程		
业务034		业务日期：12月13日
业务情景	依照采购专用发票（NO：10453036）和采购专用发票（销项负数）（NO：10453042）支付江山市渤海机床附件厂货款	
业务单据	付款申请书（1张）、工行转账支票存根（1张）	
业务关联		
处理步骤		
遇到问题		
解决过程		

续表

业务 035		业务日期：12 月 13 日
业务情景	供应科王功英与本溪市大陆钢铁有限公司签订采购合同（合同编号：CG2020121301），收到采购专用发票（NO：11485151），通过网银转账预付部分货款	
业务单据	采购合同（1 张）、采购专用发票（1 张）、付款申请书（1 张）、工行电子银行回单（付款）（2 张）	
业务关联		
处理步骤		
遇到问题		
解决过程		
业务 036		业务日期：12 月 14 日
业务情景	供应科王功英与本溪市轧钢厂签订采购合同（合同编号：CG2020121401），收到采购专用发票（NO：11780151）	
业务单据	采购合同（1 张）、采购专用发票（1 张）	
业务关联		
处理步骤		
遇到问题		
解决过程		

续表

业务 037		业务日期：12月14日
业务情景	铸造车间锅炉改变使用状态，从"使用中"改为"不需用"	
业务单据	内部联络书（1张）	
业务关联		
处理步骤		
遇到问题		
解决过程		
业务 038		业务日期：12月14日
业务情景	装配车间产品完工，验收入库。经手人李娜	
业务单据	成品验收入库单（1张）	
业务关联		
处理步骤		
遇到问题		
解决过程		

续表

业务 039		业务日期：12 月 15 日
业务情景	在建工程竣工验收，交付车间使用	
业务单据	固定资产验收交接单（1 张）	
业务关联		
处理步骤		
遇到问题		
解决过程		
业务 040		业务日期：12 月 15 日
业务情景	供应科王功英与江山市北江电机公司签订采购合同（合同编号：CG2020121501），当日到货并全部验收合格入库。出纳按合同和采购专用发票（NO：11051019）开出转账支票支付货款	
业务单据	采购合同（1 张）、采购专用发票（1 张）、货品签收单（1 张）、付款申请书（1 张）、工行转账支票存根（1 张）、工行进账单（回单）（1 张）	
业务关联		
处理步骤		
遇到问题		
解决过程		

续表

业务041		业务日期：12月15日
业务情景	供应科王功英与江山市前江轴承厂签订采购合同（合同编号：CG2020121502），收到采购专用发票（NO：10272154），当日到货并验收入库	
业务单据	采购合同（1张）、采购专用发票（1张）、货品签收单（1张）	
业务关联	货品入库后，即对"20120603"申请单中的D462轴承所欠15套进行补出库	
处理步骤		
遇到问题		
解决过程		
业务042		业务日期：12月16日
业务情景	收到本溪市大陆钢铁有限公司按照采购合同（合同编号：CG2020121301）发来生铁，网银转账支付货款和运费。收运输公司丢货赔款	
业务单据	货品签收单（1张）、采购（运费）专用发票（1张）、付款申请书（2张）、工行电子银行回单（付款）（4张）、收款收据（1张）	
业务关联		
处理步骤		
遇到问题		
解决过程		

续表

业务 043		业务日期：12月16日
业务情景	收到本溪市轧钢厂按照采购合同（合同编号：CG2020121401）发来圆钢，全部合格入库。网银转账分别支付货款及运费	
业务单据	货品签收单（1张）、采购（运费）专用发票（1张）、付款申请书（2张）、工行电子银行回单（付款）(4张)	
业务关联		
处理步骤		
遇到问题		
解决过程		
业务 044		业务日期：12月16日
业务情景	金融资产业务过户交割	
业务单据	成交过户交割凭单（1张）	
业务关联		
处理步骤		
遇到问题		
解决过程		

续表

业务045		业务日期：12月17日
业务情景	供应科王功英与江山市渤海机床附件厂签订采购合同（合同编号：CG2020121701），当日开票（NO：10453051）到货，经验收合格，全部入库。以银行承兑汇票结算货款	
业务单据	采购合同（1张）、采购专用发票（1张）、货品签收单（1张）、付款申请书（1张）、电子银行承兑汇票（1张）	
业务关联	货品入库后，即对"20120603"申请单中的R55标准件所欠16套进行补出库	
处理步骤		
遇到问题		
解决过程		
业务046		业务日期：12月17日
业务情景	车间领料	
业务单据	领料申请单（2张）	
业务关联		
处理步骤		
遇到问题		
解决过程		

续表

业务047		业务日期：12月18日
业务情景	装配车间产品完工，验收入库。经手人李娜	
业务单据	成品验收入库单（1张）	
业务关联		
处理步骤		
遇到问题		
解决过程		

业务048		业务日期：12月18日
业务情景	采购员王功英与瓦房店市舜成轴承厂签订采购合同（合同编号：CG2020121801），收到采购专用发票（NO：10240014）	
业务单据	采购合同（1张）、采购专用发票（1张）	
业务关联		
处理步骤		
遇到问题		
解决过程		

续表

业务049		业务日期：12月19日
业务情景	收到瓦房店市舜成轴承厂按采购合同（合同编号：CG2020121801）发来的轴承，全部验收入库。双方冲销往来账，收到对方通过网银转来补差账款	
业务单据	货品签收单（1张）、工行电子银行回单（1张）	
业务关联		
处理步骤		
遇到问题		
解决过程		
业务050		业务日期：12月19日
业务情景	车间领料	
业务单据	领料申请单（3张）	
业务关联	"20121902"申请单中圆钢库存不足，因成本核算需要，按申请数出库，待购入后直接补充	
处理步骤		
遇到问题		
解决过程		

续表

业务051		业务日期：12月20日
业务情景	业务员刘晓寿与广州市新南机电设备有限公司签订产品销售合同（合同编号：XS2020122001），开出销售专用发票（NO：24338371），收到商业承兑汇票。当日发出第一批货。收到采购（运费）专用发票（NO：27108126），暂欠	
业务单据	产品销售合同（1张）、销售专用发票（1张）、电子商业承兑汇票（1张）、销售发货通知单（1张）、采购（运费）专用发票（1张）	
业务关联		
处理步骤		
遇到问题		
解决过程		

业务052		业务日期：12月20日
业务情景	银行承兑汇票（12001010）到期收款79,200元	
业务单据	工行电子银行回单（1张）	
业务关联		
处理步骤		
遇到问题		
解决过程		

续表

业务053	业务日期：12月20日	
业务情景	收到广州市新南机电设备有限公司转账结算上月货款	
业务单据	工行电子银行回单（1张）	
业务关联		
处理步骤		
遇到问题		
解决过程		
业务054	业务日期：12月21日	
业务情景	与江山市万恒贸易有限公司进行资产置换	
业务单据	物物交换合同（1张）、付款申请书（1张）、工行电子银行回单（1张）、固定资产验收交接单（1张）、销售发货通知单（1张）、采购专用发票（1张）、销售专用发票（1张）	
业务关联		
处理步骤		
遇到问题		
解决过程		

续表

业务 055		业务日期：12月22日
业务情景	收到江山市永裕机床经销公司结算上月所欠货款	
业务单据	工行电子银行回单（1张）	
业务关联		
处理步骤		
遇到问题		
解决过程		

业务 056		业务日期：12月23日
业务情景	从2号成品库调出一台X240车床给机加工车间作为生产设备	
业务单据	内部联络书（1张）、固定资产验收交接单（1张）	
业务关联	产品自用视同销售（无实际发票），销售额按最近一次售价计算	
处理步骤		
遇到问题		
解决过程		

续表

业务057		业务日期：12月24日
业务情景	用现金支付后勤科厨具维修费；开出转账支票支付20日车床发广州所欠运费	
业务单据	增值税普通发票（1张）、付款申请书（1张）、转账支票存根（1张）、工行进账单（回单）（1张）	
业务关联	本公司会计制度规定：1,000元以内的少量开支不需要填写付款申请书	
处理步骤		
遇到问题		
解决过程		
业务058		业务日期：12月24日
业务情景	开出转账支票支付广告费和行政部餐饮费	
业务单据	采购（广告费）专用发票（1张）、付款申请书（2张）、工行转账支票存根（1张）；采购（餐饮费）普通发票（2张）	
业务关联	公司定点餐饮费于月末一次支付	
处理步骤		
遇到问题		
解决过程		

续表

业务 059		业务日期：12月26日
业务情景	收到江山市北江电机公司因质量问题退回 X240 车床 1 台，随机开出销售专用发票（负数）。暂未退款	
业务单据	销售专用发票（负数）（1 张）、销售退货签收单（1 张）	
业务关联		
处理步骤		
遇到问题		
解决过程		

业务 060		业务日期：12月27日
业务情景	装配车间产品完工，验收入库。经手人李娜	
业务单据	成品验收入库单（1 张）	
业务关联		
处理步骤		
遇到问题		
解决过程		

续表

业务 061		业务日期：12月27日
业务情景	商业承兑汇票（22101473）到期，兑付40,000元	
业务单据	工行电子银行回单（2张）	
业务关联		
处理步骤		
遇到问题		
解决过程		

业务 062		业务日期：12月28日
业务情景	根据采购合同（合同编号：CG2020112801）通过网银转账支付衡水市通用仪器厂货款	
业务单据	付款申请书（1张）、工行电子银行回单（2张）	
业务关联		
处理步骤		
遇到问题		
解决过程		

续表

业务063		业务日期：12月30日
业务情景	与江山市永裕机床经销公司进行委托代销结算，收到受托代销结算清单，开出销售专用发票	
业务单据	受托代销清单（2张）、销售专用发票（1张）	
业务关联		
处理步骤		
遇到问题		
解决过程		

业务064		业务日期：12月30日
业务情景	按照20日产品销售合同，对广州市新南机电设备有限公司第二批发货。收到承运公司开出的采购（运费）专用发票，未付	
业务单据	销售发货通知单（1张）、采购（运费）专用发票（1张）	
业务关联		
处理步骤		
遇到问题		
解决过程		

续表

业务 065		业务日期：12月30日
业务情景	收到本溪市大陆钢铁有限公司按照采购合同（合同编号：CG2020121301）发来生铁，通过网银转账方式支付货款和运费	
业务单据	货品签收单（1张）、采购（运费）专用发票（1张）、付款申请书（2张）、工行电子银行回单（付款）（4张）	
业务关联		
处理步骤		
遇到问题		
解决过程		
业务 066		业务日期：12月31日
业务情景	转账支付12月份水费和电费，支付本月欠鹭港美食城的餐费	
业务单据	采购专用发票（2张）、工行电子银行回单（付款）（3张）、12月份水费分配表（1张）	
业务关联	内部制度：水电费无须审批，定点招待餐费月底支付	
处理步骤		
遇到问题		
解决过程		

续表

业务067		业务日期：12月31日
业务情景	盘点库存现金，实存金额比账存金额短少100元，由出纳冯玉敏本人赔偿	
业务单据	库存现金盘点表（1张）	
业务关联		
处理步骤		
遇到问题		
解决过程		
业务068		业务日期：12月31日
业务情景	按仓库对存货进行盘点，发现勾扳手短缺1个，法兰盘短少2个，属保管不善，由保管员赔偿	
业务单据	库存材料实存账存对比表（1张）、内部联络书（1张）	
业务关联	单据中空缺了账存数量、实存数量及其价值，须由学生依据实训数据来填写	
处理步骤		
遇到问题		
解决过程		

续表

业务069		业务日期：12月31日
业务情景	对固定资产进行盘点，假设账实相符	
业务单据		
业务关联		
处理步骤		
遇到问题		
解决过程		

业务070		业务日期：12月31日
业务情景	核算月末汇兑损益（期末汇率6.46）	
业务单据		
业务关联		
处理步骤		
遇到问题		
解决过程		

续表

业务 071		业务日期：12月31日
业务情景	计提坏账准备	
业务单据		
业务关联		
处理步骤		
遇到问题		
解决过程		

业务 072		业务日期：12月31日
业务情景	计提固定资产折旧	
业务单据		
业务关联		
处理步骤		
遇到问题		
解决过程		

续表

业务 073		业务日期：12月31日
业务情景	计提本月职工工资	
业务单据	12月份工资变动数（1张）	
业务关联		
处理步骤		
遇到问题		
解决过程		
业务 074		业务日期：12月31日
业务情景	预扣职工个人所得税	
业务单据		
业务关联		
处理步骤		
遇到问题		
解决过程		

续表

业务 075		业务日期：12月31日
业务情景	代扣职工负担的三险一金	
业务单据		
业务关联		
处理步骤		
遇到问题		
解决过程		

业务 076		业务日期：12月31日
业务情景	计提企业负担的四险一金	
业务单据		
业务关联		
处理步骤		
遇到问题		
解决过程		

续表

业务077		业务日期：12月31日
业务情景	计提工会经费	
业务单据		
业务关联		
处理步骤		
遇到问题		
解决过程		

业务078		业务日期：12月31日
业务情景	分配本月职工教育经费	
业务单据		
业务关联		
处理步骤		
遇到问题		
解决过程		

续表

业务 079		业务日期：12月31日
业务情景	摊销无形资产	
业务单据		
业务关联		
处理步骤		
遇到问题		
解决过程		

业务 080		业务日期：12月31日
业务情景	分配辅助生产费用	
业务单据	12月份电费分配表（1张）、12月份机修费用分配表（1张）	
业务关联		
处理步骤		
遇到问题		
解决过程		

续表

业务 081		业务日期：12月31日
业务情景	分配制造费用	
业务单据		
业务关联		
处理步骤		
遇到问题		
解决过程		

业务 082		业务日期：12月31日
业务情景	对成品仓库所有单据记账，并对成品仓库进行期末处理，进行产成品成本分配，根据产成品入库单合并生成凭证传到总账系统	
业务单据		
业务关联		
处理步骤		
遇到问题		
解决过程		

续表

业务 083		业务日期：12月31日
业务情景	结转本月销售成本	
业务单据		
业务关联		
处理步骤		
遇到问题		
解决过程		

业务 084		业务日期：12月31日
业务情景	按月计提长期借款利息	
业务单据		
业务关联	长期借款利息是按月计提，按季度支付	
处理步骤		
遇到问题		
解决过程		

续表

业务 085	业务日期：12月31日
业务情景	分配本月职工非货币性福利
业务单据	
业务关联	
处理步骤	
遇到问题	
解决过程	

业务 086	业务日期：12月31日
业务情景	计算并结转本月未交增值税
业务单据	
业务关联	
处理步骤	
遇到问题	
解决过程	

续表

业务 087		业务日期：12月31日
业务情景	计算并结转本月应交城市维护建设税、教育费附加、地方教育费附加	
业务单据		
业务关联		
处理步骤		
遇到问题		
解决过程		

业务 088		业务日期：12月31日
业务情景	结转期间损益	
业务单据		
业务关联		
处理步骤		
遇到问题		
解决过程		

续表

业务089		业务日期：12月31日
业务情景	计提本月企业所得税	
业务单据		
业务关联		
处理步骤		
遇到问题		
解决过程		

业务090		业务日期：12月31日
业务情景	结转所得税费用	
业务单据		
业务关联		
处理步骤		
遇到问题		
解决过程		

续表

业务 091		业务日期：12月31日
业务情景	结转本年利润	
业务单据		
业务关联		
处理步骤		
遇到问题		
解决过程		

业务 092		业务日期：12月31日
业务情景	计提法定盈余公积	
业务单据		
业务关联		
处理步骤		
遇到问题		
解决过程		

续表

业务 093	业务日期：12月31日
业务情景	向投资者分配利润
业务单据	
业务关联	
处理步骤	
遇到问题	
解决过程	

业务 094	业务日期：12月31日
业务情景	结转利润分配明细
业务单据	
业务关联	
处理步骤	
遇到问题	
解决过程	

续表

业务 095		业务日期：12月31日
业务情景	编制资产负债表、利润表	
业务单据		
业务关联		
处理步骤		
遇到问题		
解决过程		

业务 096		业务日期：12月31日
业务情景	编制财务指标分析表	
业务单据	财务指标（杜邦）分析表（1张）	
业务关联		
处理步骤		
遇到问题		
解决过程		

附 录

实训成绩评定表

组号：	成员：

一、组内自评（50%）

　　A. 团队表现自评（40%）：对于本组完成实训任务过程中的整体表现从以下四个方面分别进行评分，每项最多10分：

　　1. 工作态度：____分；2. 工作能力：____分；3. 进度计划：____分；4. 实训文件：____分

　　以上四项自评合计：_____分（满分40分）。

　　B. 个人组内贡献（10%）：本组各位成员对本组完成实训任务做出了不同程度的贡献。经过内部评估，成员贡献值分别为（每个贡献值只能对应1人，不许并列）：

　　（　　　　）10分；（　　　　）8分；（　　　　）6分

以上由学生自己填写，以下由教师填写

二、本组实训文件质量（40%）：（教师评价）

　　纸质文件规范（5%）____分 + 实训记录正确（10%）____分 + 电子文件规范（5%）____分 + 账套数据质量（20%）____分 = 实训文件质量（40%）____分。

三、实训表现

　　采信系数计算方法：1－[（个人自评－实训文件质量）/实训文件质量分]，在0.5~1.0之间取值。依据评价标准，结合现实表现以及组间横向对比，经过综合评估，指导教师认定该自评结果采信系数为_____。因此，本组的实训表现=团队表现自评分×采信系数=_____分。

四、个人实训总成绩（100%）

姓　名			
个人贡献（10%）			
文件质量（40%）			
实训表现（40%）			
个人总结（10%）			
缺勤扣分（<20%）			
个人总成绩（100%）			

教师签名：

年　月　日

参 考 文 献

[1] 李新瑞，马晨佳. 会计信息化综合实训[M]. 大连：东北财经大学出版社，2016.
[2] 宋红尔. 会计信息化综合实训[M]. 大连：东北财经大学出版社，2019.
[3] 宋红尔. 会计信息系统应用——基于业财融合[M]. 大连：东北财经大学出版社，2020.
[4] 毛华扬. 会计信息系统原理与应用[M]. 北京：中国人民大学出版社，2018.
[5] 李爱红. ERP 财务供应链一体化实训教程[M]. 北京：高等教育出版社，2016.
[6] 张瑞君，蒋砚章，殷建红. 会计信息系统[M]. 北京：中国人民大学出版社，2019.
[7] 刘敏坤，郑怀颖. 企业会计综合实验教程[M]. 大连：东北财经大学出版社，2017.
[8] 戴德明，林钢，赵西卜. 财务会计学[M]. 北京：中国人民大学出版社，2018.
[9] 傅荣. 高级财务会计学[M]. 北京：中国人民大学出版社，2018.
[10] 任丽，廖阔，杨松. 成本会计学[M]. 北京：清华大学出版社，2021.
[11] 马晨佳，李新瑞，金宇梅. 用友 T3 软件应用中常见问题研究[J]. 中国管理信息化. 2016（23）：51-52.
[12] 马晨佳，李新瑞，梁婧. 会计信息化环境下错账更正方法研究[J]. 商业会计. 2016（17）：110-112.